KJ
教育ジャーナル選書

2024年版

# 教員採用試験
# 論文突破80事例

Gakken



津金邦明・著

# 「書くことによって自己を表現する資質・能力」を導き出すために

全国的な義務教育の機会均等と、その水準の維持向上の観点から実施された「全国学力・学習状況調査」の結果を「学力」と考えるなら、私は「学力」とは「決められた時間の中で、書くことによって自己を表現する能力」と考えるべきだと思います。では、皆さんが受験する「公立学校教員採用選考試験」の内容は、受験者の学力調査でしょうか。この考えには、きっと異論がありそうです。そうです。教員採用においては、教育者としての使命感、豊かな人間性や社会性、様々な体験に裏付けられた確かな指導力等を備えた、優れた人材を確保することが重要な課題なのです。

各地方自治体では、受験者の資質能力、適性を多面的に評価するため、教養・専門などの筆記試験のほか、面接、実技、作文・論文、模擬授業等の多様な方法を組み合わせ、採用選考を実施します。そこにおいては、「決められた時間の中で、与えられた課題に対する自分の考えを、書くことで表現する能力」、つまり「学力」は、「論文」によって試されるのです。

「教員採用試験論文突破80事例」は、受験者の「書くことによって自己を表現する資質能力」を伸ばすために書かれた、合格への道標です。

第１章では、出題の意図・ねらいの読み取り、論文の構成理解、教育用語等の効果的な活用について、また論文評価の観点を解説しました。第２章では論文試験の80事例を学習指導、生徒指導、学級経営、学校経営、教育時事・教育課題、特別支援教育、保護者・地域社会、教師論、教育法規、自己ＰＲの10項目で示しました。

さぁ、挑戦です。学び方は自己流で結構です。
Ｐ（計画）⇒Ｄ（実行）⇒Ｃ（評価）⇒Ａ（改善）
のサイクルを自分のペースで構築し、始めましょう。

著者

# 本書の構成と使い方

『教員採用試験　論文突破80事例』は以下の２章構成になっています。
この構成と使い方をよく読んで、効果的に活用してください。

## 第１章　教員採用試験の論文とは

一般の就職試験の論作文にはない、教員採用試験の論文ならではの書き方のポイント、評価の観点、論文を書くうえでの心構え等を紹介しています。

## 第２章　論文試験８０事例

### 論文問題８０題にチャレンジ

教員採用試験の論文でよく出される出題例について、採点官の視点で解答例を提示し､「KEY WORD」や「HINT」や「advice」を載せています。

①学習指導
②生徒指導
③学級経営
④学校経営
⑤教育時事・教育課題
⑥特別支援教育
⑦保護者・地域社会
⑧教師論
⑨教育法規
⑩自己ＰＲ

# CONTENTS

## ❷生徒指導



## ❸学級経営

## ❹学校経営



## ❺教育時事・教育課題

## ❻特別支援教育



## ❼保護者・地域社会



## ❽教師論



## ❾教育法規



## ❿自己ＰＲ

著者紹介

●津金邦明（つがね・くにあき）
1951年、神奈川県川崎市生まれ。78年、千葉県小学校教員に採用される。93年、柏市教育研究所指導主事、2003年、柏市教育委員会学校教育課管理主事などを経て、12年、柏市立柏第三小学校の校長を最後に退職。
著書に、「教員採用試験 面接突破101事例」、「管理職試験36日間」、監修書に「教員採用試験 教職教養36日間」（いずれも年度版／Gakken刊）などがある。

# 第1章

# 教員採用試験の論文とは

「教員採用選考試験の論文の書き方」

――第１章では、一般の就職試験の論文選考とは異なる、教員採用試験ならではの書き方のポイント、評価の観点、論文を書く上での心構え等を紹介します。

論文を採点し、評価することは、教職教養試験等のように正誤を判定するのとは違い、人物評価の重要な資料の一つとなります。

令和3年度公立学校教職員採用選考試験において、都道府県(47)・指定都市(20)・大阪府豊能地区教職員人事協議会(以下「県市」という)の全68県市のうち、およそ半数の33県市で論文試験が実施されています。

論文の試験が重要視されるのは、近年、採用試験の在り方が人物評価重視の傾向にあるからです。解答の文面から、受験生の資質・能力、人間性、教師力、真の教育者を目指す信念等を把握することができるので、実施されるのです。

# 1 論文の３つのポイント

論文に正解はないといわれますが、誤答はあります。
論文試験では、次のようなことが問われます。

・正確な表現力や文章力、構成力等
・教師としての使命感
・教師という仕事への意欲や熱意
・教育的課題に対する理解
・問題や課題への即応力
・深い洞察力や冷静な判断力

人間的な資質・能力も評価されるだけに、面接試験より怖いという人もいます。どんなに教師に適した資質・能力を持っていたとしても、それが論文に表現されていなかったら、評価してもらえません。それが論文問題における誤答です。

論文試験合格のために大事なことは、「誤答をしない」ことです。そのために、大切なポイントは、以下の３つです。

**1　出題の意図・ねらいを正しく読み取る**
**2　論文の構成を理解する**
**3　効果的な用語や表現を身に付ける**

一つずつについて詳しく見ていきましょう。

## POINT 1 CHECK 出題の意図・ねらいを読み取る

試験問題を出題する側には、必ず出題の意図・ねらいがあります。それをつかむことが、合格への第一歩です。

### 出題文の文末から出題意図を読み取る

論文問題では、出題文の文末は､「～について○○して述べよ」形式のものが多く見られます｡「～」のところには、様々な教育課題などが入ります。気をつけるべきなのは、ここで聞かれていることが、教育課題のことだけではないことです。

下の出題文例のように「○○して」のところは､「体験を踏まえて」「賛否を明らかにして」「学校種に応じて」などとなっています。

つまり、これから教員を目指す受験者の考え、抱負、意欲、希望、意見、そして、これまでの経験や、教員となった場合にどんな授業を構想するのかといったことについても述べることを求めているのです。

採点者は、そこから、教員としての様々な資質や能力を読み取り、点数を付けるのです。ですから、問われていることに答えないと、測ろうとしていた観点の一部について、点数が付かないことになってしまいます。

だから、その問題で何が問われているのか、採点者が何を評価しようとしているのかを正しく読み取り、問われていることに答えなければならないのです。

そのための論文作成の手順は以下の通りです。

**論文作成の手順**

（ i ）出題された問題の全部に目を通します。もちろん､黙読です。じっくり読んで、自信を持って書けそうな問題を見つけます。

（ ii ）自分が最も得意とする、書けそうな問題から始めます。与えられた時間を有効に無駄なく使うには、まず、書き始めることです。苦手な問題には時間をかけず、それは後回しにしましょう。

（ iii ）問題文を熟読し、聞かれていることは何かを確認し、下線を引きます。

（ iv ）問題文の重要な箇所・キーポイントとなる語句・内容に○印を付けます。

（ v ）出題の意図・ねらいを明確にして、書き始めます。

### 出題文例とそれに応じた解答文例

【出題文例】～について、あなたの考えを具体的に述べよ。

↓

【解答文例１】～については、子供の考えをまず重視することが大切だと思います。
【解答文例２】私は、教育は子供たち一人一人の旅を扶《たす》ける営みだと思います。

【出題文例】～について、今までの体験を踏まえて、対応策を述べよ。

↓

【解答文例】私の体験から、～のように対応することが適切だと思います。

【出題文例】～について、賛成か反対かを事例を挙げながら述べよ。

↓

【解答文例】私は、まず先生と話し合うことに賛成です。なぜなら、……。

【出題文例】～について、あなたが勤務を希望する学校種に応じて、その具体策を述べよ。

↓

【解答文例】勤務を希望する小学校の発達段階について述べます。

## 言い訳を書かない

解答文中に、以下の文例のような言い訳を書く受験者がいました。しかしそれらは、減点の対象になることはあっても、加点されることはありません。

気持ちは分かりますが、言い訳は書かないようにしましょう。

### 禁句文例

○よく分かりませんが、私は～のように考えます。
○長くなりますので、簡単に書きます。
○～と思いますが、自信がありません。
○とても難しい課題なので、私にはよく分かりません。

## POINT 2 CHECK 論文の構成を理解する

論文は、「書いた」ではなく、「書けた」でなければなりません。出題の意図・ねらいを正確に把握し、求められている内容が「書けた」のでなければ評価はできません。ただ自分の考えを「書いた」だけでは駄目なのです。

「書けた」と言える書き方を身に付けましょう。

まずは、以下の論文を書く際の基礎・基本ポイントを押さえます。

**★基礎・基本ポイント**

① 読みやすいように書く。
② 分かりやすく書く。
③ 説得力のある書き方・言葉づかいをする。
④ 教育用語を適切に使う。
⑤ 自分の個性・特性を表現し、自己啓蒙をする。
⑥ 引き付ける、魅力ある文章にする。　等々。

実際に論文を書く際には、以下に示す三つの柱で構成するようにします。

### 構成の三つの柱

論文の構成は、「前書・前文」(序論)、「本文」(本論)、「後書き、後文」(結論)の三つの柱で考えます。

### ①前書・前文（序論）

「前書・前文」は、自分の書く論文に採点者を引き付ける出発点です。序論ともいい、課題をどう受け止めたかを提示して、今後の論展開について基本的な態度や見解を示すものです。

ここでありがちなのは、書き出しの言葉が出てこなくて焦ってしまうということ。書き出しは、論文の生命線ともいえる重要な要素で、おろそかにはできません。それゆえ、考えれば考えるほどペンが走らない。これが最初の難関です。

大丈夫！　これには「コツ」があります。それは、前書・前文の書き出しの「引き出し」を増やすことです。以下を参考に、「引き出し」を増やしておきましょう。

**「引き出し」を増やす方法１**　出題された文章を引用する。

（文例）

○児童生徒の非行防止は、緊急に取り組まなければならない課題です。

○ネット上のいじめの問題は、今、最も重要な教育課題と考えます。

**「引き出し」を増やす方法２**　出題の中の言葉の定義をまず取り上げる。

（文例）

○情報モラルは、中教審答申にも示されているように、情報教育の基盤です。

○生きる力とは、確かな学力、豊かな人間性、健康と体力のことです。

**「引き出し」を増やす方法３**　疑問型で提示する。

（文例）

○教師の心の病は、年々増加するのではないだろうか。

○児童生徒のスマートフォン、携帯電話等の利用による諸問題は、ますます深刻化するのではないだろうか。

**「引き出し」を増やす方法４**　内容に関係する引用文の紹介から入る。

（文例）

○「魅力ある教員を求めて」にある「教育は人なり」は、教育の原点です。

○指導教授の口ぐせである「教師としての人間力」は、私の目標です。

**「引き出し」を増やす方法５**　実体験をつづる。

（文例）

○私が体験したことを基に、ボランティア活動について述べます。

○教育実習で学んだ体験を生かして、分かる授業について述べます。

**「引き出し」を増やす方法６**　前書・前文の最後に自分の考えを書く。

（文例）

○私は、学校と地域との連携について、今までの体験を生かして取り組んでいきます。

○私は、この課題を解決するために、全力を挙げて頑張ります。

### ②本文（本論）

本文は、あなたの考え、主張、論理等からあなたの人物をつかみ、確かめ、評価する重要なもの。論文の勝負どころです。

前文で述べた考えや見解を論理的に展開し、具体例を挙げて自分の主張や見解を明確に打ち出すもので、解答の主体部分です。

読み手・採点者の立場になって考えたときに、「ＮＧ解答」として大きな減点の対象になるものとして、次のようなことが挙げられます。

＜ＮＧ解答例＞
×一文が長い
×段落分けがない
×書いてある内容が分かりにくい
×同じ内容が重複している箇所が多い
×「そして」、「また」、「次に」などの接続詞が多く、読みづらい
×「私は」が多いが、自分の主張や見解につながっていない　等々

ＮＧ解答を避ける「コツ」があります。それは、「柱」を立て、柱に沿って書いていくという方法です。

こうすると、柱ごとに段落を分けることができ、各柱で書く内容も明確になりますので、ＮＧ解答を避けることが容易になります。

柱を立てるときの視点の例と、各柱の書き出しの文例を挙げておきます。文例のように、各柱の最初にその段落で述べることの論旨を明示することで、採点者に分かりやすく伝えることができるのです。

**★柱を立てる視点**

（ｉ）うつわ、なかみ、ひとの柱を立てる。
○うつわ⇒体制、組織、環境、施設設備、目標等
○なかみ⇒教育課程、学習内容、学習活動、研修等
○ひと⇒児童生徒、保護者、教員、関係機関等

＜文例＞
○通級指導の具体策を学校教育目標に位置付けます。
○通級指導に関する研修活動に励みます。

○通級指導を拡充するため、保護者の協力を希求します。

（ⅱ）計画、実践、評価の柱を立てる。

○Ｐｌａｎ⇒目標、計画

○Ｄｏ⇒活動、実践

○Ｃｈｅｃｋ⇒検証、評価

○Ａｃｔｉｏｎ⇒実行、改善

<文例>

○不登校児ゼロを目指す具体策を計画します。

○不登校対策を学級活動から実施します。

○不登校ゼロ活動の結果を自己評価します。

（ⅲ）学校教育、社会教育、家庭教育の柱を立てる。

○学校教育⇒学校教育の立場から

○社会教育⇒社会教育の立場から

○家庭教育⇒家庭教育の立場から

<文例>

○朝の読書の時間を、学校教育に効果的に活用します。

○保護者の協力を得て、朝の読書の時間を充実させます。

○家庭での読書習慣を継続化するための啓発活動を行います。

（ⅳ）出題文から、教育情報から、自分の体験からなど、書きやすい柱を立てる。

○教育情報から⇒出題文にある教育情報を取り上げる。

○自分の体験から⇒出題文にある内容を自分の体験と結び付ける。

<文例>

○平成21年４月１日から実施された教員免許更新制が終了します。

○私の職場体験を生かして、キャリア教育の留意点を述べます。

### ③後文・まとめ（結論）

後文・まとめは、前書き・前文と呼応し、見解をまとめ、広い視野で多面的な角度から整理し、今後の取組の姿勢や課題解明の方向を示唆するものにします。

後文・まとめは、受験者の姿勢、意欲、積極性、抱負等を強調し、採点者に強くアピールできる最後のチャンスです。不思議なことに、採点者の気持ちの中には、前文・前書きや本文に多少の不満があっても、「後文・まとめ」で、強く引き付けられる魅力ある文章・表現に遭遇すると、当初の不満は薄らぎ、評価が高まる場合もあります。それくらい、後文・まとめの書き方は重要なのです。

**★後文・まとめでアピール**

受験者の姿勢、意欲、積極性、抱負等を強調し、採点者に強くアピールするような表現を盛り込みます。例えば次のようなものがあります。

（ⅰ）書いたこと以上に取り組む意欲を明示する。

例えば、後文・まとめの最初に「以上の内容を重点的に進めるとともに」というように「重点的に」という言葉を組み込みます。「重点的」という言葉には、「もっとたくさん書くことはありますが、限られた時間ですから、重点を書きました」というように、「それ以上に取り込む」気持ちを表明する表現の一つになります。

（ⅱ）意欲を自分の言葉で示す

締めくくりでは、教職に就く心構え、教育に対する情熱や使命感、子供への愛情、教育への姿勢などをはっきりと述べます。次の文例を参考に、「私は、この問題に全力を傾けて取り組みます」といった内容を、自分の言葉で表明します。

＜文例＞

○以上の内容を重点的に進めるとともに、(以下略）教育実習の感動と経験を生かして頑張ります。

○先輩のご指導、ご助言、ご支援をいただきながら、魅力ある教員になるよう全力で取り組みます。

○私は、自分の個性・特性を発揮して、児童生徒と一緒に学び続けます。

○これからも教育メモ帳を丹念に記録し、失敗が次へのステップとなるように心がけていきたいと思います。

○私は、子供たちの自分探しの旅を扶《たす》けるため、常に自分を厳しく見つめ、教師としての責務を果たします。

## POINT 3 CHECK 効果的な用語や表現を身に付ける

論文で使用することで資質や能力、意欲などが伝わる用語や表現等があります。しかし、度が過ぎると、うそっぽく感じられたり、不遜に感じられたりします。用語や表現等を完全に自分のものにして少数精鋭で使用することがポイントです。

新聞やテキスト等で重要と思われる用語や表現等を書き留め、論文で使用できるよう練習することを勧めます。また、自分の教育観や子供観をひと言で表わしていることわざなども整理しておくと良いでしょう。自分の引き出しを多く持つことは重要な戦略です。

論文で使われる用語や表現等の例を以下に挙げます。

### ①論文で使用すると効果的な用語

**（ｉ）教育の現代的課題を表す用語**

現代の教育課題への理解や意識、教師としての姿勢等が伝わる。

<文例>

**重大事態（いじめ）**

初期のいじめはどの学級でも起こっていると考えている。いかに早期発見、早期対応を行うかが学級担任の重要な責務である。初期のいじめを見逃したり簡単に考えたりした結果、児童生徒が犯罪と同等の行為を受けたり、長期間登校できなくなったり、最悪の場合自殺等の重大事態に至ってしまうことがある。重大事態を防ぐためには、管理職に相談し、他教員との連携を密にして、組織的、継続的に取り組み、いじめを芽のうちに摘み取ることが、重要だと考えている。

**（ⅱ）教育用語**

大学等での学びや教員としての資質などが伝わる。

<文例>

**家庭学習**

予習・復習を含め主体的に学習に取り組む習慣を身に付けなければならない。学習指導の計画は学校での授業と家庭学習の効果的な連携を考えて作成し、家庭学習をやりたくなる学習指導が、授業の中に含まれていることが大切である。全国学力・学習状況調査においても家庭学習の重要性が示唆されている。学校の授業だけでなく家庭学習も指導できる教員を目指している。

<文例>

**寛容（寛大）効果**

日頃、教師に対して従順で、成績が良い子供を好意的に評価してしまうことがある。逆に反抗的な子供には、厳しい評価を付けることがある。人間の特性ではあるが、教師が子供を評価するときには、寛容効果を常に意識し、個々の目標に対する客観的な評価に心がけるべきである。

### （iii）ことわざや名言

生活経験、教養や見識の広さや深さ、人間性などが伝わる。

<文例>

**教師の心構え：暗室に欺かず**

教師は子供たちに「善き人間になれ」と指導する。指導者自らが善き人間でなければならない。「暗室に欺かず」を教師としての心構えとし、誰も見ていない場合であっても、常に教え子に恥ずかしくない行動のとれる教師でありたい。

<文例>

**学習指導の在り方：教うるは学ぶの半ば**

教えるのは教師の仕事である。私は、教育実習の授業で、子供たちから多くのことを学んだ。個々の子供たちの考え方や、自らの指導の不適切さ、不十分さなど、指導書や参考書にはないものである。「教うるは学ぶの半ば」を旨として、日々子供に教え、子供から学べる教師でありたい。

## ②文章表現

同じような文章でも表現によって読み手の印象が違ってくる。試験の論文では、人物評価も含まれるので、最大限自分が教員に向いている、意欲があることなどを採点者に印象付けなければならない。以下に例を挙げる。

### （ｉ）断定する：強い意志や意欲が伝わる

<文例>

・日本の将来は学校教育にかかっている。

・学力向上は教師の力量次第である。

・いじめから子供を守り通す。

**(ⅱ) 推測する：先を見通す力が伝わる**

＜文例＞

・事故につながる危険性がある。

・主体的な学習は高い教育効果が期待できる。

**(ⅲ) 憂う：課題意識が伝わる**

＜文例＞

・子供に全てを任せてしまうのはどうかと考える。

・インターネットなどの情報だけに依存する子供たちの成長が心配だ。

**(ⅳ) 憤る：強い信念が伝わる**

＜文例＞

・絶対にあってはならない。

・許されない行為である。

**(ⅴ) 期待する：あきらめない我慢強さが伝わる**

＜文例＞

・欠点をあげつらうより良いところを探したい。

・子供の良心を信じる。

**(ⅵ) 修飾語を付ける：用語の持つ意味を重く考えていることが伝わる**

＜文例＞

・全ての教育活動

（効果）いい加減ではない完璧を目指す性格と強い意志を感じる。

・効果的に推進

（効果）計画性や協調性が感じられ実行力が印象付けられる。

・繊細な指導

（効果）指導に向き合う真摯な姿勢を感じる。

・直ちに、早急に

（効果）強い課題意識や緊張感が伝わる。

※付け過ぎると効果は半減するので、重要な用語に効果的な修飾語を付ける。

# 2 論文評価の観点

## （1）評価の観点

教員採用試験では、一人の採点者が数多くの論文に目を通すことになります。ですから、数多くの解答の中で、特に自分の文章に目を留めさせ、評価してもらうためには、文章に「個性」が必要です。具体的な事例で個性をアピールし、自分の体験を具体的事例として文中に盛り込む。すると、誰にもまねできない、オリジナルの解答になるはずです。

ここでは、全国各教育委員会の「公立学校教員採用選考について」から、論作文の選考基準の評価項目、観点等の事例を紹介し、共通点をまとめます。

なお、ここで紹介しているものは、2023年1月時点での資料です。選考基準が大きく変わることはないと思われますが、必ず、自分の受験する自治体の最新の情報をチェックしておくようにしましょう。

①評価項目・観点等

**★事例の紹介**

## （ⅰ）埼玉県教育委員会：

<2次>　□論文試験：６０分／０００字程度

**評価**

(1) 論題の理解等

○論題に正対しているか。

(2) 教育実践についての自分の考え等

○主張が明確で、論理性を備えているか。

○教員としての教育実践について具体的に表現しているか。

(3) 構成・表現等

○用語、表記は適切か。

○全体のまとまりはあるか。

○字数は適切か。

## （ⅱ）川崎市教育委員会：

<1次>□小論文A　<2次>□小論文B　６０分／６００字以内

**評価の観点**

テーマの把握

・テーマを深く理解しているか。

・テーマに関する知識や見識はあるか。

表現力

・わかりやすく適切な表現をしているか。

・内容に具体性があるか。

論文の構成

・説得力のある構成になっているか。

・テーマについて自分の考えを述べているか。

教員としての資質

・教員としての適性が感じられるか。

（iii）**青森県教育委員会：**

<2次>　□小論文

【内容】

①出題の意図を的確に捉え、自分の考え方を明確に述べているか。
②出題の意図を自分なりに咀嚼し、具体的に述べているか。
③創造的に考え、主体的に述べているか。
④教育に対する情熱や意欲、人間的な豊かさや感性を伝えているか。

【表現】

①文章構成の工夫がなされ、論旨に一貫性があるか。
②効果的な表現の仕方を工夫しているか。
③文字の丁寧さ、誤字や脱字、送り仮名、句読点、主語と述語の関係、段落の分け方、文体が適切であるか。

【字数】

６００字以上８００字以内でまとめているか。

（iv）**さいたま市教育委員会：**

＜２次＞　論文試験

45分／800字程度

**論文の評価基準**

○論題を正しく捉えているか。
○具体的な記述がなされているか。
○教育への情熱・実践的な専門性を有しているか。
○求められる職務内容を踏まえた記述がなされているか。
○正しい表記や論文としてのまとまりがあるか。

（v）**東京都教育委員会**：

<1次>　□論文

70分間　1,050字（35字30行）以内で論述する。

**主な評価の観点**

・課題把握

・教師としての実践的指導力

・論理的表現力

等を評価

（vi）**神奈川県教育委員会**：

<1次>　□論文

＜表現＞○文字数（600字以上825字以下）

○文章の構成

○分かりやすさ

○表記の正確さ（誤字、脱字）

＜内容＞○着想

○論旨、結論

○自分の考え

以上のように、評価項目・観点は、主に形式的な面（構成力）と内容的な面（論述力）の２点になっています。再確認すると、

○形式的な面（構成力）

□題意の把握は的確か？

□＜序論・本論・結論＞で構成され、その展開が滑らかであるか？

□自分の考え方や、ものの見方がまとめられているか？

□主題や論旨が明確に表現されているか？

□論点が整理され、段落に分けて論理的に構成されているか？

○内容的な面（論述力）

□表現法に問題はないか？

□語句が文脈に応じて適切に使われているか？

□文の構造や語句の照応に問題はないか？

□文章に推敲の跡がみられるか？　等です。

②評価の基準

各都道府県の評価基準には、それぞれの地域の実態に対応した工夫がみられ、合否基準は明瞭な形で設定されています。選考基準も３段階、５段階、６段階、10段階と多様で、100点満点又は50点満点で採点されます。

**ここに注意！**

**【文体は､「敬体」・「常体」どちらで書くのがいいの？】**

「です・ます調」で書く敬体と、「だ・である調」で書く常体。採点者は読みやすければ、文体にはさほどこだわりません。ただ、目安にするとすれば、出題の文章が「……について記せ」「○○を説明せよ」等の口調のときは常体で、「……についてあなたの考えを述べなさい」「説明しなさい」等のときは敬体が良いでしょう。いずれにしても、あなたの主張が伝わる文章を心がけましょう。

## （2）設問数と解答時間

試験会場独特の雰囲気の中で、動揺する心、不安感、やるぞと思う闘争心等が複雑にからみ、受験生を動揺させる……それが試験です。やり直しがきかないだけに、受験生の気持ちは痛いほど分かります。不安を取り除くには、まず実情を理解することで、自分自身の対応を決めておくことです。設問数や解答時間は、各都道府県によってそれぞれの特色がありますが、一般的には、次のような事例が多いようです。

○作文は、１問が多く、600 ～ 1200字を40分～ 60分で書きます。

○小論文・論文は、２～３問が多く、 600 ～ 800字、1200字を40 ～ 90分で書きます。

※よく、400字（原稿用紙1枚）を15分前後で書くのが、大学生の記述能力だといわれています。参考にしてください。

## （3）論文試験に臨んでの心構え

（1）の冒頭で述べたとおり、自分の解答を採点者の目に留めさせ、評価してもらうには、「個性」が必要です。「自分なりの考え」を伝えることが目標です。「自分でこのような結論に至った」という点を強調することが、個性を訴える第一歩です。筆記による面接試験と考えましょう。

まず、出題された内容の意図・ねらいを短時間で的確に把握し、決められた時間内に論述しなければいけません。これは、自分との戦いです。あせり、不安、いらだち等を感じるのは、あなただけではありません。受験生の誰もが体験し、克服しなければならないハードルです。気持ちを落ち着かせるために、次の点を心がけて、試験当日までを過ごしましょう。

＜前日まで＞

○規則正しい日常生活をおくり、健康・体調管理に努める。

○教育時事の基礎知識をしっかりと復習する。

○自分の意見・考え方をまとめる練習をする。

○作文能力は、一朝一夕に養えるものではないので、日頃から文章を書く習慣を付けておく。

○人間性を育てる教育について、自分の考えをまとめておく。

○当日持参するもの、試験時間を確認する。

○あなたが受験する自治体の求める教師像、出題形式・傾向を再確認する。

○自己診断（チェックリスト）を再確認する。

○充分な睡眠時間を確保する。

＜試験当日＞

○持参するものを確認する。

○朝刊を読むゆとりがほしい。

○時間的な余裕を持って試験会場に向かう。

＜試験開始＞

○試験開始から最初の10分までに構想を固めることで、時間に余裕が持てる。

○試験時間をどう配分するかが、論文の完成度を左右する重要なポイントになる。

# 3 自己診断（チェックリスト）

第２章の演習問題に入る前に、第１章教員採用試験の論文とは……「教員採用選考試験の論文の書き方」で学んだことについて自己診断（チェックリスト）を行い、学習した内容の理解度・定着度を確認しましょう。そして、この確認のためのチェックは、自己評価にもつながる大切なことがらです。

次の項目がどんなことか分かったら、チェックを入れていこう。

（構成力についての自己診断・評価）

○論点を整理し、柱立てのある構成にする。 □
○前文を書くときに、出題された文章を引用する。 □
○前文を書くときに、出題文の言葉の定義を取り上げる。 □
○前文を書くときに、疑問型で提示する。 □
○前文を書くときに、出題に関する引用文を紹介する。 □
○前文を書くときに、実体験をつづる。 □
○前文の最後に自分の考えを書く。 □
○本文の柱立ては、「うつわ、なかみ、ひと」で書く。 □
○本文の柱立ては、「計画、実践、評価」で書く。 □
○本文の柱立ては、学校・社会・家庭の教育の立場で書く。 □
○本文を書くときは、出題文に関する教育情報から書く。 □
○本文を書くときは、出題文に関する自己体験から書く。 □
○「後文」を書くときは、積極的な姿勢、意欲、抱負を書く。 □
○論文の構成は、序論、本論、結論である。 □

（内容についての自己診断・評価）

○出題の意図・ねらい、重要性をつかむ。　□
○出題された問題の全部に目を通してから始める。　□
○自分がすぐに書けそうな問題から書き始める。　□
○出題文を熟読し、求められている箇所に下線を引く。　□
○出題文の重要箇所、キーポイントとなる語句に○印を付ける。　□
○読みやすい記述、論述で書く。　□
○分かりやすく書く。　□
○説得力のある書き方、言葉づかいをする。　□
○教育用語を効果的に使う。　□
○自分の個性・特性を表現し、自己を啓蒙する。　□
○採点者を引き付ける、魅力ある文章にする。　□
○出題のキーワードを文章の中に入れる。　□
○自説をきちんと書く。　□
○自己体験を生かして書く。　□
○誤字、脱字に注意する。　□
○必ず具体策を述べる。　□
○考え方やものの見方を、魅力ある教師につなげて書く。　□
○センテンスの長さを簡潔にする。　□
○繰り返しや重複を避ける。　□
○教師に必要な洞察力や創造力、教養や基礎学力は充分か。　□
○ものの見方や考え方は、教師として望ましい方向にあるか。　□
○書き終えたら、最後に必ず推敲する。　□

確認をしましたか。チェックする項目が36あります。確認できたチェック数が、30以上を目指しましょう。

第１章の内容は理解できましたね。①評価項目、観点で6事例を紹介しましたが、どの都道府県でも、出題の内容は、各都道府県が求める教師像と深いつながりがあるのです。ですから、あなたが受験を希望する都道府県が求める教師像は、必ず熟読してください。採用候補者選考に合格して着任すれば、着任地の教師になるのですから、教育委員会の窓口を訪ねて入手しましょう。

それに加えて、参考までに、文部科学省のホームページにある「魅力ある教員を求めて」（平成20年12月）や「教職生活の全体を通じた教員の資質能力の総合的な向上方策について」（平成24年８月）をはじめとした各種資料や、中央教育審議会の『「令和の日本型学校教育」を担う教師の在り方特別部会』等の審議内容や公表資料等にも目を通しておきましょう。

**「教育は人なり」**

「教育は人なり」と言われるように、学校教育の成否は、教員の資質能力に負うところが極めて大きいといえます。特に「確かな学力」と「豊かな心」、「健やかな体」などの「生きる力」の育成や、いじめ、不登校など学校教育をめぐる様々な課題への対応などの面で、優れた資質能力を備えた魅力ある教員の確保は、ますます重要となっています。以下に示す、「いつの時代にも求められる資質・能力」「今後特に求められる資質・能力」をしっかり理解して、これらを体現した教師になる決意を持って学習してください。

**いつの時代にも求められる資質・能力**

＊教育者としての使命感

＊人間の成長・発達についての深い理解

＊幼児・児童・生徒に対する教育的愛情

＊教科等に関する専門知識

＊広く豊かな教養

↓

＜これらに基づく実践的指導力＞

**今後特に求められる資質・能力**

❶地球的視野に立って行動するための資質能力

❷変化の時代を生きる社会人に求められる資質能力

❸教員の職務から必然的に求められる資質能力

**教師の仕事に対する強い情熱**

教師の仕事に対する使命感や誇り、子供に対する愛情や責任感等。

**教育の専門家としての確かな力量**

子供理解力、児童生徒指導力、集団指導の力、学級づくりの力等。

**総合的な人間力**

豊かな人間性や社会性、常識と教養、礼儀作法をはじめ対人間関係能力等。

# 第2章

## 論文試験80事例
## 論文問題80題にチャレンジ

**論文試験ではどんな事柄が出題される？　どう解答する？**

――第２章では、教員採用試験の論文試験への対応力をつけるために、問題に挑戦していきましょう。教員採用試験の論文試験でよく出題される10領域（「学習指導」、「生徒指導」、「学級経営」、「学校経営」、「教育時事・教育課題」、「特別支援教育」、「保護者・地域社会」、「教師論」、「教育法規」、「自己ＰＲ」）の具体的な問題80事例を使って、採点者が望む解答例をアドバイスしていきます。

# 第2章 論文試験80事例の使い方

## 本章の特長

- **全問題に解答欄を設けました。**

解答練習や解答の要点整理メモの記入などにご活用ください。

- **模範解答に加えて、解答を導く道標となる情報を掲載しました。**

「KEY WORD」「HINT」「advice」の情報を参考に、自分なりの解答を考えてみましょう。

- **構成を考える練習問題と、解答全文を作成する問題の２種類を設けました。**

論文問題に答える際には、14 ～ 18ページで示したように、「三つの柱」を意識して構成を考えることで、スムーズに解答を書き進めることができるようになります。そこで本章では、2種類の解答欄を設けました。
**①「三つの柱」について記述内容を考える問題と②解答全文を完成させる問題です。**

## ①「三つの柱」について記述内容を考える問題

「序論」「本論」「結論」の三つの柱に分けて、論文の基本構成を考える練習をします。この練習を繰り返すことで、スムーズに解答を書き進めることができるようになります。時間に余裕があれば、作成した三つの柱をもとにして、自分なりに解答全文を書く練習もしてみましょう。

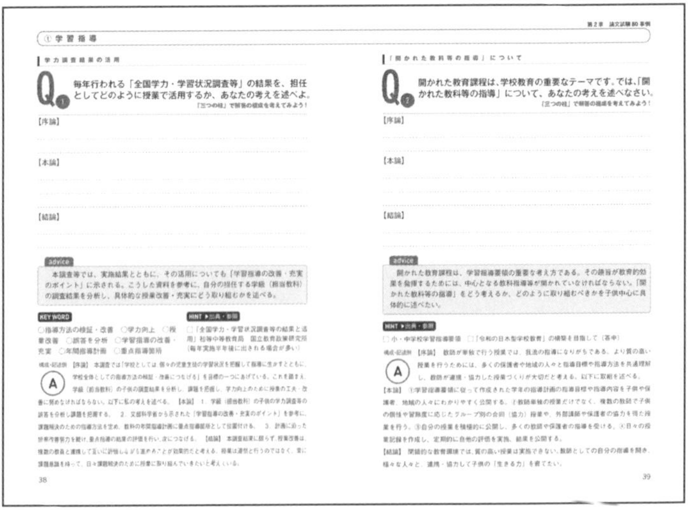
第２章　論文試験80事例
① 学習指導
学力調査結果の活用
Q1 毎年行われる「全国学力・学習状況調査等」の結果を、担任としてどのように授業で活用するか、あなたの考えを述べよ。
「三つの柱」で解答の構成を考えてみよう！
【序論】
【本論】
【結論】
advice
本調査等では、実施結果とともに、その活用についても「学習指導の改善・充実のポイント」に示される。こうした資料を参考に、自分の担任する学級（担当教科）の調査結果を分析し、具体的な授業改善・充実にどう取り組むかを述べる。
KEY WORD
HINT▶出典・参照
A
38
「開かれた教科等の指導」について
Q2 開かれた教育課程は、学校教育の重要なテーマです。では、「開かれた教科等の指導」について、あなたの考えを述べなさい。
「三つの柱」で解答の構成を考えてみよう！
【序論】
【本論】
【結論】
advice
開かれた教育課程は、学習指導要領の重要な考え方である。その趣旨が教育的効果を発揮するためには、中心となる教科指導等が開かれていなければならない。「開かれた教科等の指導」をどう考えるか、どのように取り組むべきかを子供中心に具体的に述べたい。
HINT▶出典・参照
A
39

## ② 解答全文を完成させる問題

論文を書くトレーニングの仕上げとして、解答全文を完成させるトレーニングをすることも大切です。まずは、①と同様に三つの柱で構成を考え、それをもとにして全文を完成させましょう。

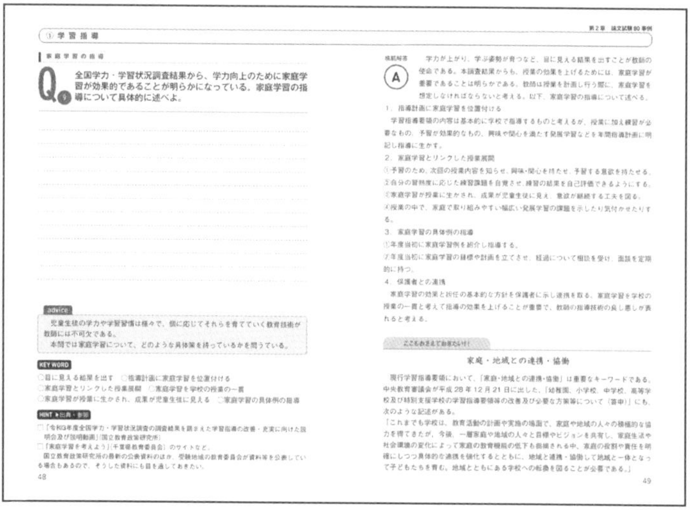

第２章　論文試験 80 事例

① 学習指導

家庭学習の指導

Q 全国学力・学習状況調査結果から、学力向上のために家庭学習が効果的であることが明らかになっている。家庭学習の指導について具体的に述べよ。

advice

児童生徒の学力や学習習慣は様々で、個に応じてそれらを育てていく教育技術が教師には不可欠である。

本問では家庭学習について、どのような具体策を持っているかを問うている。

KEY WORD

○目に見える結果を出す　○指導計画に家庭学習を位置付ける
○家庭学習とリンクした授業展開　○家庭学習を学校の授業の一貫
○家庭学習が授業に生かされ、成果が児童生徒に見える　○家庭学習の具体例の指導

HINT ▶出典・参照

□「令和3年度全国学力・学習状況調査の調査結果を踏まえた学習指導の改善・充実に向けた説明会及び説明動画」(国立教育政策研究所)
□「家庭学習を考えよう」(千葉県教育委員会) のサイトなど。
国立教育政策研究所の最新の公表資料のほか、受験地域の教育委員会が資料等を公表している場合もあるので、そうした資料にも目を通しておきたい。

48

模範解答

A 学力が上がり、学ぶ姿勢が育つなど、目に見える結果を出すことが教師の使命である。本調査結果からも、授業の効果を上げるためには、家庭学習が重要であることは明らかである。教師は授業を計画し行う際に、家庭学習を想定しなければならないと考える。以下、家庭学習の指導について述べる。

1. 指導計画に家庭学習を位置付ける

学習指導要領の内容は基本的に学校で指導するものと考えるが、授業に加え練習が必要なもの、予習が効果的なもの、興味や関心を満たす発展学習などを年間指導計画に明記し指導に生かす。

2. 家庭学習とリンクした授業展開

①予習のため、次回の授業内容を知らせ、興味・関心を持たせ、予習する意欲を持たせる。
②自分の習熟度に応じた練習課題を自覚させ、練習の結果を自己評価できるようにする。
③家庭学習が授業に生かされ、成果が児童生徒に見え、意欲が継続する工夫を図る。
④授業の中で、家庭で取り組みやすい幅広い発展学習の課題を示したり気付かせたりする。

3. 家庭学習の具体例の指導

①年度当初に家庭学習例を紹介し指導する。
②年度当初に家庭学習の目標や計画を立てさせ、経過について相談を受け、面談を定期的に持つ。

4. 保護者との連携

家庭学習の効果と担任の基本的な方針を保護者に示し連携を取る。家庭学習を学校の授業の一貫と考えて指導の効果を上げることが重要で、教師の指導技術の良し悪しが表れると考える。

ここもおさえておきたい！！

家庭・地域との連携・協働

現行学習指導要領において、「家庭・地域との連携・協働」は重要なキーワードである。中央教育審議会が平成 28 年 12 月 21 日に出した、「幼稚園、小学校、中学校、高等学校及び特別支援学校の学習指導要領等の改善及び必要な方策等について（答申）」にも、次のような記述がある。

「これまでも学校は、教育活動の計画や実施の場面で、家庭や地域の人々の積極的な協力を得てきたが、今後、一層家庭や地域の人々と目標やビジョンを共有し、家庭生活や社会環境の変化によって家庭の教育機能の低下も指摘される中、家庭の役割や責任を明確にしつつ具体的な連携を強化するとともに、地域と連携・協働して地域と一体となって子どもたちを育む、地域とともにある学校への転換を図ることが必要である。」

49

また、解答全文を考える問題のページの右下には、問題と関連する様々な資料等を紹介する「ここもおさえておきたい！！」や、覚えておくと役に立つ用語・表現などを紹介する「効果的な表現を使いこなそう」の２種類の役立つコラム記事を用意しました。

解答をより充実したものにするためにお役立てください。

## 学力調査結果の活用

# Q1 毎年行われる「全国学力・学習状況調査等」の結果を、担任としてどのように授業で活用するか、あなたの考えを述べよ。

「三つの柱」で解答の構成を考えてみよう！

【序論】

【本論】

【結論】

**advice**

本調査等では、実施結果とともに、その活用についても「学習指導の改善・充実のポイント」に示される。こうした資料を参考に、自分の担任する学級（担当教科）の調査結果を分析し、具体的な授業改善・充実にどう取り組むかを述べる。

**KEY WORD**

○指導方法の検証・改善　○学力向上　○授業改善　○誤答を分析　○学習指導の改善・充実　○年間指導計画　○重点指導箇所

**HINT ▶出典・参照**

□「全国学力・学習状況調査等の結果と活用」初等中等教育局　国立教育政策研究所（毎年実施半年後に出される場合が多い）

構成・記述例

**A**

【序論】　本調査では「学校としては、個々の児童生徒の学習状況を把握して指導に生かすとともに、学校全体としての指導方法の検証・改善につなげる」を目標の一つにあげている。これを踏まえ、学級（担当教科）の子供の調査結果を分析し、課題を把握し、学力向上のために授業の工夫・改善に努めなければならない。以下に私の考えを述べる。　【本論】　1．学級（担当教科）の子供の学力調査等の誤答を分析し課題を把握する。　2．文部科学省から示された「学習指導の改善・充実のポイント」を参考に、課題解決のための指導方法を定め、教科の年間指導計画に重点指導箇所として位置付ける。　3．計画に沿った授業改善努力を続け、重点指導の結果の評価を行い、次につなげる。　【結論】　本調査結果に限らず、授業改善は、複数の教員と連携して互いに評価しながら進めることが効果的だと考える。授業は漫然と行うのではなく、常に課題意識を持って、日々課題解決のために授業に取り組んでいきたいと考えている。

## 「開かれた教科等の指導」について

**Q2** 開かれた教育課程は、学校教育の重要なテーマです。では、「開かれた教科等の指導」について、あなたの考えを述べなさい。

「三つの柱」で解答の構成を考えてみよう！

【序論】

【本論】

【結論】

**advice**

開かれた教育課程は、学習指導要領の重要な考え方である。その趣旨が教育的効果を発揮するためには、中心となる教科指導等が開かれていなければならない。「開かれた教科等の指導」をどう考えるか、どのように取り組むべきかを子供中心に具体的に述べたい。

**HINT ▶出典・参照**

□小・中学校学習指導要領　□「令和の日本型学校教育」の構築を目指して（答申）

構成・記述例 **A**

【序論】　教師が単独で行う授業では、我流の指導になりがちである。より質の高い授業を行うためには、多くの保護者や地域の人々と指導目標や指導方法を共通理解し、教師が連携・協力した授業づくりが大切だと考える。以下に取組を述べる。

【本論】　①学習指導要領に従って作成された学年の指導計画の指導目標や指導内容を子供や保護者、地域の人々にわかりやすく公開する。②教師単独の授業だけでなく、複数の教師で子供の個性や習熟度に応じたグループ別の合同（協力）授業や、外部講師や保護者の協力を得た授業を行う。③自分の授業を積極的に公開し、多くの教師や保護者の指導を受ける。④日々の授業記録を作成し、定期的に自他の評価を実施、結果を公開する。

【結論】　閉鎖的な教育環境では、質の高い授業は実施できない。教師としての自分の指導を開き、様々な人々と、連携・協力して子供の「生きる力」を育てたい。

## 「習熟度別指導」に対して

**Q3** 「習熟度別指導」に対して教育現場からは課題も指摘されている。このことについて、あなたの考えを具体的に述べよ。

「三つの柱」で解答の構成を考えてみよう！

【序論】

【本論】

【結論】

**KEY WORD**

○最適な学習形態　○様々な課題　○優越感や劣等感を生じさせない
○学習集団の長期化、固定化による意欲の低下を防ぐ
○児童生徒が自己評価、自己選択できるように配慮
○成績や能力に関係なく互いに助け合い、協力し合う気持ちを育てる

**HINT ▶出典・参照**

□ 小・中学校学習指導要領第１章　□「初等中等教育における当面の教育課程及び指導の充実・改善方策について（答申）」（平成15年10月・中央教育審議会）　□「個に応じた指導に関する指導資料 - 発展的な学習や補充的な学習の推進 - （小学校算数編）、第１章　第２節１」

模範解答 **A**

【序論】 習熟度別学習は、教育効果を高め、児童生徒が能力に応じて学習できる最適な学習形態である。しかし様々な課題が指摘されている。以下に対応策について述べる。

【本論】 ①能力や成績でグループ分けするが、人間としての上下ではないことを理解させ優越感や劣等感を生じさせない。　②定期的にグループ編成し直し、学習集団の長期化、固定化による意欲の低下を防ぐ。　③機械的にグループ編成せず、児童生徒が自己評価、自己選択できるように配慮する。

【結論】 義務教育であり、教育効果に重点を置くあまり、差別意識を助長するようなことがあってはならない。児童生徒が現在の成績や能力に関係なく互いに助け合い、協力し合う気持ちを育てることを忘れてはならないと考える。

## 国旗、国歌の指導

**Q 4** 国旗、国歌の指導については法規等で定められている。それを踏まえ、学級担任として、児童生徒にどのように指導するか述べよ。

「三つの柱」で解答の構成を考えてみよう！

【序論】

【本論】

【結論】

**advice**

国旗、国歌の指導は、学習指導要領で児童生徒に学校行事や教科等で適切に指導しなければならないとされている。法的に定められた教育内容を、学校や教員の思想や判断で変更することはできない。これらを踏まえて述べなければならない。

**KEY WORD**

○国を愛し、誇りを持つ心　○教育の根幹　○学習指導要領　○学校行事　○国の歴史や伝統文化、習慣、風土などの理解と愛する気持ち　○教科等の年間指導計画　○他国の歴史や文化、宗教などを尊重　○学級や学校、地域などを愛する気持ち

**HINT ▶出典・参照**

- □ 学校教育法第33条【教育課程】
- □ 同施行規則第52条【教育課程の基準】（学習指導要領によるものとする）
- □ 小学校学習指導要領
- □ 中学校学習指導要領

模範解答 **A**

【序論】 国旗を掲揚し、国歌を斉唱することにより、国を愛し、国に誇りを持つ心を育てることは、学習指導要領に位置付けられている。私は国旗、国歌の指導を以下のように行う。

【本論】 1．学校行事で、国旗掲揚や国歌斉唱の意義について児童生徒に指導する。　2．教科等における、自国の歴史や伝統文化、習慣、風土などの理解と愛する気持ちの醸成。教科等の年間指導計画に自国の愛や誇りを育てることを位置付ける。　3．他国の歴史や文化、宗教などを尊重する気持ちを育てる。　4．学級や学校、地域などを愛する気持ちを育てる。

【結論】 形だけの指導ではなく、自国他国の文化や伝統等を尊重する心を、これらを通して育てたい。

**体 育 に お け る 安 全 対 策**

## Q5 体育（保健体育）における児童生徒の安全対策について述べよ。

**「三つの柱」で解答の構成を考えてみよう！**

【序論】

【本論】

【結論】

**advice**

学校における体育事故の事例を理解していることを示し、教員の配慮や指導により、事故を減らすことが可能だという考えを述べる。

**KEY WORD**

○事前指導　○安全配慮　○各運動種の特性と危険性　○指導計画　○準備運動
○配慮事項を徹底　○安全な設置・片付け　○正しい使用　○危険を伴う
○自分の身を危険から守る

**HINT ▶出典・参照**

□ 小・中学校学習指導要領解説 体育編（各運動種目別に「（2）態度」として、「…場や器械・器具の安全に気を配る…」等の記載がある）
□「学校における体育活動中の事故防止について（報告書）」文部科学省

模範解答

**A**

【序論】 学校事故の中でも、体育における事故は多い。そのほとんどが教師の子供への事前指導や安全配慮が不足していたための事故と認識している。以下に安全対策について述べる。

【本論】 ①各運動種の特性と危険性について熟知して指導計画を立てる。②各運動種の危険性について児童生徒に具体的に指導し、準備運動、配慮事項を徹底させる。③各運動種で使用する器具等の点検、安全な設置・片付けを行い、正しく使用させる。

【結論】 体育の授業は危険を伴うものであることを教師が理解し、十分な準備と、具体的な指導、直接的な管理・監督を行わなければならない。また、子供が、自分の身を危険から守ることを学ぶことは、体育の重要な指導事項だと考えている。

## 「生きる力」の育成

## Q6 「生きる力」とは、どのような力だと考えているか、また、「生きる力」を育むために、どのような事に心掛けて指導に当たるか述べよ。

**「三つの柱」で解答の構成を考えてみよう！**

【序論】

【本論】

【結論】

**advice**

「生きる力」を育むことは、前回の学習指導要領でも大きな目標となっていた。現行学習指導要領では、さらに具体的に、「主体的・対話的で深い学び」、「社会に開かれた教育課程」、「教科等横断的な指導」などが示されている。こうしたことを押さえ、解答の中に、これらに関わるキーワードを織り込むことが必要である。

**KEY WORD**

○自分のよさや可能性を認識　○他者を価値ある存在として尊重　○多様な人々と協働　○持続可能な社会の創り手　○社会や地域と接点　○地域の人材活用　○教科等横断的　○主体的・対話的で深い学び　○育てたい子供像を共有　○社会の発展に寄与

**HINT ▶出典・参照**

□ 小学校（中学校）学習指導要領　□ 令和元年度文部科学白書

構成・記述例 **A**

【序論】 生きる力とは、「自分のよさや可能性を認識するとともに、あらゆる他者を価値ある存在として尊重し、多様な人々と協働しながら様々な社会的変化を乗り越え、豊かな人生を切り拓き、持続可能な社会の創り手となる力」だと考える。以下に指導方法を述べる。

【本論】 1．学習指導の在り方　①社会・地域・家庭に開かれたカリキュラム　②教科等横断的なカリキュラム　③「主体的・対話的で深い学び」の視点からの授業改善　2．意欲を高め、個性を伸ばす生徒指導

【結論】 様々な人々と交わり、生産的な活動を通して、社会の発展に寄与する「生きる力」を育てることが、学校教育の大きなねらいであると考えている。

## 「個に応じた指導」の工夫

**Q7** 「個に応じた指導」の充実のため、どのような指導方法を工夫して行えば良いか、あなたの考えを述べよ。

**KEY WORD**

○学力の低下と学力の二極化
○個別指導、グループ指導、繰り返し指導、習熟度別の指導、課題別学習、補充的な学習、発展的な学習
○「一人一人」の学習に視点を置いた課題設定
○指導の個別化を図る
○相対評価から絶対評価に
○個別最適な学びと共同的な学びを一体的に充実

**HINT ▶出典・参照**

□「初等中等教育の当面の教育課程及び指導の充実・改善方策（答申）」（平成15年10月・中央教育審議会）
□ 小学校学習指導要領 総則　□ 中学校学習指導要領 総則
□「令和の日本型学校教育」の構築を目指して（令和３年1月26日・中央教育審議会）

模範解答

**A**

学力低下や学力の二極化などが問題となる中、学習指導要領の総則には「個に応じた指導の充実」が明記されている。「個に応じた指導」には個別指導、グループ指導、繰り返し指導、習熟度別の指導、課題別学習、補充的な学習、発展的な学習等がある。これらの指導法を効果的に行うためには三つの視点が大切だと考える。

○学習課題等は一人一人の学習に視点を置いた課題設定にする。習熟度やコース別の学習課題を設定することで、習熟度別指導や課題別学習の学習スタイルが変わり、個に応じた学習スタイルが作られる。

○指導の個別化を図ることで、学習集団が細分化され、きめ細かな指導が可能になる。

○相対評価から絶対評価にすることで、個々の学習の進み具合に応じて個別指導を必要とする児童生徒を把握することができる。

また、「令和の日本型学校教育」において、今後の学校教育が目指すものを「全ての子供たちの可能性を引き出す、個別最適な学びと、協働的な学び」としているので、単に個に応じた指導で一人一人を伸ばすだけでなく、子供たちが協働的に学ぶことも同時に実現しなければならない。

その双方を実現するために、個に応じた指導を充実させるとともに、

○児童生徒が優越感や劣等感や差別意識を持たないようにすること。

○人との関わりの中で学習が成立するように工夫すること。

○保護者の理解と協力を得られるように説明を適切に行うこと。

などに配慮し、協働的な学びも充実させるようにしていきたい。

**ここもおさえておきたい!!**

## 個に応じた指導の充実を図る指導方法

模範解答にもいくつか例示があるが、個に応じた指導を充実させるための指導方法として、例えば、次のようなものが考えられる。

○個別指導　○グループ別指導　○繰り返し指導　○学習内容の習熟の程度に応じた指導　○児童生徒の興味・関心等に応じた指導　○補充的な学習や発展的な学習など学習活動を取り入れた指導　○教師間の協力的な指導　○合同授業　○交換授業　○教科担任制による指導（小学校）

## 主体的・対話的で深い学び

## Q8 小・中学校学習指導要領では、学習の在り方について「主体的・対話的で深い学び」を求めている。日々の授業をどのように行うかあなたの考えを述べよ。

**advice**

学習指導要領では、学習の在り方として「主体的・対話的で深い学び」を示している。従来の問題解決的な学習の流れであり、自らの意思で能動的に他者と協働して学ぶものであり、より応用力のある学力や、個々の生き方や感性豊かな人間性を高めることのできる学習を求めている。

ここでは、教員として「主体的・対話的で深い学び」を具現化する授業改善をどのように取り組んでいくかを、学習指導要領の考え方に即して具体的に自分の考えを述べたい。

**KEY WORD**

○授業改善　○効率的・効果的な授業　○教科等横断的　○問題・課題解決的　○学習者の実態　○学習の系統性　○興味関心の継続性　○他教科等との目標や内容の関連性　○予習中心の授業　○学習ネットワーク構築　○考える授業　○探究していく学習　○ノートづくり　○授業準備

**HINT ▶出典・参照**

- □ 学校教育法施行規則第52条（中学校準用）「小学校の教育課程については、この節に定めるもののほか、教育課程の基準として文部科学大臣が別に公示する小学校学習指導要領によるものとする。」
- □ 小学校・中学校学習指導要領第1章総則第３「教育課程の実施と学習評価」の１
- □ 小学校・中学校学習指導要領解説総則編　第３章「教育課程の編成及び実施」第１節の２

模範解答 Ａ

1．はじめに

学習指導要領では、指導の目標や内容とともに、学習方法の在り方について「主体的・対話的で深い学び」という言葉で示している。直接子供の教育に当たる教師一人一人がこの言葉の意味について理解し、授業改善を進め、効率的・効果的な授業を行い、児童生徒の生きた学力を育てなければならない。担任（指導者）として以下のような授業を行いたい。

2．具体的な取組

（1）問題・課題解決的、教科等横断的な指導計画の作成

効果的・効率的な学習を展開するために、学習者の実態を基盤に、学習の系統性や興味関心の継続性などを重視した指導計画を立てる。また、他教科等との目標や内容の関連性を考慮して学ぶ時期を近くに設定したり、教科等を併せて関連的に学ぶことができるような指導計画を立てる。

（2）自ら課題を持って学ぶ、予習中心の授業

学んだことを復習する授業中心ではなく、自ら疑問や課題を持って授業に取り組む予習中心の授業を行う。さらに、日々の授業が次の学習への出発点となるように、次の課題に結び付け、予習をしたくなるような授業を目指す。

（3）学習ネットワーク構築への支援

教室で個々の机に向かって受ける授業ではなく、仲間や教師と疑問をぶつけ合い討論する授業。地域や他校へ出向いたりインターネットなどで情報を収集し、比較・検討する。学習を深め広げる授業が可能となる学習ネットワークを構築する。

（4）疑問を持ち、調べ、議論し、比較・精査し、考える授業の展開

子供たちが覚えるというよりも、身に付く授業を行う。子供たちの興味・関心や生活経験等に即した学習問題・課題を設定し、個々の考えをぶつけ合い学級全体で探究していく学習に取り組む。教師は、よき支援者、助言者としての役割に重点をおき授業展開して、子供たちが自ら学び取り、新しい認識や考え方を持つに至る授業を行う。

（5）学びの確認と、新たな課題の明確化のためのノートづくり

自分は、何を学び、何ができるようになり、どのように考え方が変化したのか、自分の学びの成果を確認させることが大切である。そのためには、記録としてのノートづくりが大切だと考えている。板書をただ写すノートではなく、自分の理解や考え方の変化、自分以外の者の考えの推移を記録し、考えを見直し深めるための資料としてのノートづくりの習慣と力を身に付けさせる。

3．まとめ

私は、効果的・効率的な学習の支援者としての教師でありたい。子供たちに学習の成果と成長を伝え、共に喜び励ます教師でありたい。そのために授業準備に意欲的に臨み、自らの授業に常に課題意識を持ち、日々やりがいと喜びを持ち授業に取り組みたい。授業で子供の前へ立つのが楽しみである。

## 家庭学習の指導

**Q9** 全国学力・学習状況調査結果から、学力向上のために家庭学習が効果的であることが明らかになっている。家庭学習の指導について具体的に述べよ。

**advice**

児童生徒の学力や学習習慣は様々で、個に応じてそれらを育てていく教育技術が教師には不可欠である。

本問では家庭学習について、どのような具体策を持っているかを問うている。

**KEY WORD**

○目に見える結果を出す　○指導計画に家庭学習を位置付ける
○家庭学習とリンクした授業展開　○家庭学習を学校の授業の一貫
○家庭学習が授業に生かされ、成果が児童生徒に見える　○家庭学習の具体例の指導

**HINT ▶出典・参照**

□「令和3年度全国学力・学習状況調査の調査結果を踏まえた学習指導の改善・充実に向けた説明会及び説明動画」(国立教育政策研究所)
□「家庭学習を考えよう」(千葉県教育委員会) のサイトなど。

国立教育政策研究所の最新の公表資料のほか、受験地域の教育委員会が資料等を公表している場合もあるので、そうした資料にも目を通しておきたい。

模範解答

**A**

学力が上がり、学ぶ姿勢が育つなど、目に見える結果を出すことが教師の使命である。本調査結果からも、授業の効果を上げるためには、家庭学習が重要であることは明らかである。教師は授業を計画し行う際に、家庭学習を想定しなければならないと考える。以下、家庭学習の指導について述べる。

1．指導計画に家庭学習を位置付ける

学習指導要領の内容は基本的に学校で指導するものと考えるが、授業に加え練習が必要なもの、予習が効果的なもの、興味や関心を満たす発展学習などを年間指導計画に明記し指導に生かす。

2．家庭学習とリンクした授業展開

①予習のため、次回の授業内容を知らせ、興味・関心を持たせ、予習する意欲を持たせる。

②自分の習熟度に応じた練習課題を自覚させ、練習の結果を自己評価できるようにする。

③家庭学習が授業に生かされ、成果が児童生徒に見え、意欲が継続する工夫を図る。

④授業の中で、家庭で取り組みやすい幅広い発展学習の課題を示したり気付かせたりする。

3．家庭学習の具体例の指導

①年度当初に家庭学習例を紹介し指導する。

②年度当初に家庭学習の目標や計画を立てさせ、経過について相談を受け、面談を定期的に持つ。

4．保護者との連携

家庭学習の効果と担任の基本的な方針を保護者に示し連携を取る。家庭学習を学校の授業の一貫と考えて指導の効果を上げることが重要で、教師の指導技術の善し悪しが表れると考える。

ここもおさえておきたい!!

## 家庭・地域との連携・協働

現行学習指導要領において、「家庭・地域との連携・協働」は重要なキーワードである。中央教育審議会が平成28年12月21日に出した、「幼稚園、小学校、中学校、高等学校及び特別支援学校の学習指導要領等の改善及び必要な方策等について（答申）」にも、次のような記述がある。

「これまでも学校は、教育活動の計画や実施の場面で、家庭や地域の人々の積極的な協力を得てきたが、今後、一層家庭や地域の人々と目標やビジョンを共有し、家庭生活や社会環境の変化によって家庭の教育機能の低下も指摘される中、家庭の役割や責任を明確にしつつ具体的な連携を強化するとともに、地域と連携・協働して地域と一体となって子どもたちを育む。地域とともにある学校への転換を図ることが必要である。」

## 言語感覚を養う

# Q10 小学校学習指導要領の「国語」の目標に「言語感覚を養い」とある。「言語感覚」を養うために、どのような授業を行うか考えを述べよ。

「三つの柱」で解答の構成を考えてみよう！

【序論】

【本論】

【結論】

**advice**

小学校学習指導要領では「言語感覚を養い」、中学校では「言語感覚を豊かにし」とある。中学校では更に質の高さ等が求められ、授業にもそれが必要となる。

**KEY WORD**

○感じたことや考えたこと伝え合う
○音読　○朗読　○表現の効果
○言葉の響きやリズム

**HINT ▶出典・参照**

□「小・中学校学習指導要領第2章第1節国語」
□「小・中学校学習指導要領解説　国語編」

構成・記述例

**A**

【序論】「言語感覚」とは、言語（語句・語義）の意味だけでなく、言語から感じる堅さ柔らかさ、温かさ冷たさ、優しさや厳しさといった言語の持つ響きなど、その人が感じる微妙な感覚だと考えている。以下に私の授業方策について述べる。

【本論】「1．言葉に注意し、行間を読む授業」感じたことや考えたことを伝え合う授業を多く取り入れる。子供が一人一人の感じ方に違いがあることを知り、感じ方を豊かにする。「2．声に出して味わう授業」 音読や朗読の時間を確保する。言葉の抑揚や間の取り方などの表現効果に気付き、自らの表現方法を高める。「3．自分の考えや思いを効果的、豊かに伝える授業」文章の内容と自分の体験とを結び付け、表現を工夫して、感動や気持ちを効果的に豊かに伝える。

【結論】「言語感覚」は、教師が授業等で敏感に取り扱うことで、育成が可能になると考えている。感性を豊かにし、日本文化や日本語への親しみや誇りを育成する大切な教育だと考えている。

## ② 生徒指導

### いじめ防止

## Q11 学級担任としてのいじめ防止策について述べよ。

「三つの柱」で解答の構成を考えてみよう！

【序論】

【本論】

【結論】

**advice**

関係法令や各県のいじめ防止対策の基本方針を熟知すると、いじめ対応の基本的な考え方が身に付き、適切な論文が書ける。

**KEY WORD**

○学校生活を台無しに
○心に深い傷
○重大な事態　○組織的
○教育相談
○安心・安全
○早期発見・早期対応

**HINT ▶出典・参照**

□「いじめ防止対策推進法」第8条「教職員はいじめの早期発見、適切かつ迅速に対処する責務を負っている」
□「いじめ防止等のための基本的な方針」(文部科学大臣決定) 第1の6「いじめは、どの子供にも、どの学校でも、起こり得るものである」
□「学校における「いじめの防止」「早期発見」「いじめに対する措置」のポイント」(文部科学省)

構成・記述例

**A**

【序論】 いじめは、被害者の学校生活を台無しにし、成人してからも心に深い傷が残る。最悪の場合は、自殺などの重大な事態を招く。いじめ撲滅のために以下の取組を行う。

【本論】 ①互いの気持ちを思いやり励まし合える人間関係を醸成する学級経営を行う。②児童生徒の人間関係や心の状態を教育相談や連絡ノート、調査等で把握し、いじめの芽の発見に努め、それを摘み取る。③教職員間及び保護者や関係者と連携し、広範囲、組織的にいじめ防止対策を行う。

【結論】 いじめ防止対策は緊急な学校課題で、学級担任はいじめ撲滅のための重要な役割を担っている。いじめの芽の早期発見・早期対応に心掛け、子供たちが安心・安全に学校生活を送れるよう努めたい。

## 生徒指導の重要性

**Q12** 学習指導とともに生徒指導は教員の指導の中核をなすものである。生徒指導の重要性を示し、どのような生徒指導を行うか述べよ。

「三つの柱」で解答の構成を考えてみよう！

【序論】

【本論】

【結論】

**advice**

採点者が考える生徒指導の基本的な考えと一致しないと、良い評価は得られない。それを踏まえ、児童生徒をより良く育てたいという願い、いじめを学級から絶対に出さないという強い気持ちを述べたい。

**HINT ▶出典・参照**

□ 生徒指導提要（平成22年4月2日　文部科学省初等中等教育局児童生徒課）
□ 小学校学習指導要領　総則／中学校学習指導要領　総則

構成・記述例 **A**

【序論】 いじめを原因とする自殺などの痛ましい事案が起こり、学校が危機感を持って生徒指導に当たっていれば、このような事案は起こらなかったと社会は学校を批判している。生徒指導はこのような喫緊の課題解決に対応するとともに、子供たちが自己実現を図る上での重要な教育機能である。私は以下のような生徒指導を考えている。

【本論】①生徒指導の基盤となる児童生徒理解　日頃から一人一人の言葉に耳を傾け、その想いを感じ取る。　②学級経営を充実し、望ましい人間関係を作る　一人一人が存在感を持てる、共感的な人間関係を育む。　③担任が一人で背負い込まないで、学校全体で進める生徒指導　学校全体の共通理解と一貫した取組を教職員が協力して行う。

【結論】 子供たちの悩みや学級の現状に常に思いをめぐらせ、楽しくやりがいのある学校生活を安心しておくれるように、個々に応じた支援を計画的に行うことが生徒指導の根本だと考えている。いじめが起こらない学級作りに取り組みたい。

郵便はがき

料金受取人払郵便

大崎局承認

6949

差出有効期間
2025年3月6日
まで（切手不要）

141-8790

102

東京都大崎局
私書箱第六七号

(株)Gakkn
「教育ジャーナル」編集部
「教員採用試験
論文突破80事例2024」
担当 行

## アンケートのお願い

このおはがきでいただいたご住所やお名前などは、企画の参考および商品情報をご案内する目的でのみ使用いたします。他の目的では使用いたしません。商品情報などがご不要なお客様はご記入いただく必要はございません。

お名前《フリガナ》　　　　（年齢　　　歳）

ご自宅住所

電話（　　　）　－　　　〒

学校名　　　　勤務先

Gakken 教育ジャーナル編集部等から改めてアンケートのお願いなどを送付する場合があります。送付しても差し支えない場合は、右のわく内に○を記入してください。

●お寄せいただいた個人情報に関するお問い合わせは、
https://www.corp-gakken.co.jp/contact/（お問い合わせフォーム）
●当社の個人情報保護については当社のホームページ
https://www.corp-gakken.co.jp/privacypolicy/　をご覧ください。
●発行元　株式会社 Gakken　東京都品川区西五反田 2-11-8　代表取締役社長　五郎丸　徹
個人情報に関してご同意いただけましたら、お送りください。

# 「教員採用試験論文突破80事例2024」愛読者カード

この度は「教員採用試験論文突破80事例2024」をお買い上げいただきありがとうございました。今後の本作りの参考にいたしますので、以下のアンケートにご協力ください。

①本書をどこで購入しましたか？
1. 書店で見て　2. インターネットで　3. その他（　　　　）
②本書をどこでお知りになりましたか？
1. 書店の店頭で　2. インターネットで　3. 雑誌の広告を見て
4. 知人の紹介　5.『面接突破101 事例』を見て
6. その他（　　　　）
③本書の感想を自由にお書きください。

④第２章の８０事例の中で、特に役だったもの・役に立たなかったものの番号をお書きください（いくつでも可）。役に立たなかったものについては、その理由も書いてください。
・役に立ったもの〔　　　　〕
・役に立たなかったもの〔　　　　〕
・役に立たなかったものの理由
〔　　　　〕

⑤教員採用試験に関する本で、あったらいいなと思うものをお書きください。

⑥「教育ジャーナル」最新号をお届けします。ご希望の方は、ご住所、お名前を表面の欄にご記入ください。

★ご協力ありがとうございました。

## スマートフォン、携帯電話対策

## Q13 児童生徒が、携帯電話のメールやインターネットを利用する機会の急激な増加に伴い、いろいろな問題が発生しているが、これについてあなたの考えを述べよ。

「三つの柱」で解答の構成を考えてみよう！

【序論】

【本論】

【結論】

**HINT ▶出典・参照**

□「児童生徒が利用する携帯電話等をめぐる問題への取組の徹底について（通知）」(平成20年7月)
□「夏休みを迎える君たちへ～ネットには危険もいっぱい～（リーフレット）」(警察庁、文部科学省、平成29年6月)
□「ちょっと待って！スマホ時代のキミたちへ」リーフレット（平成29年）
□「『ネット上のいじめ』に関する対応マニュアル・事例集（学校・教員向け）」(平成20年11月)
※変化の早い分野なので最新情報をチェックしておきたい。

**KEY WORD**

○メールやＳＮＳでのいじめ
○安全な使い方の指導
○人権尊重の精神
○情報モラル意識を高める
○保護者との共通理解
○人を思いやる心と情報を正しく判断できる力の育成が基本

構成・記述例 **A**

【序論】　スマホや携帯電話の取り扱いにおいて、メールやＳＮＳ等によるいじめや誹謗中傷など、学校における生徒指導上の課題があり、文部科学省においても具体的な指導を求めている。

【本論】　①児童生徒にメールやＳＮＳ等のリスクを理解させ、安全な使い方を指導する。
②道徳教育などを通じて、人権尊重の精神や情報モラルの意識を高める指導を行う。
③児童生徒に携帯電話等を利用させる場合の留意点について保護者と共通理解を図る。

【結論】　危険性や使用上の留意点等を理解させることは大切な指導であるが、基本となることは、人を思いやる心や、情報を正しく判断できる力等を育てることだと考える。

## 部活動立て直しの方策

# Q14 部活動担当の教諭が体罰で処分され、あなたが空席となったその部活動の担当を任されることになった。部活動立て直しの具体策を示せ。

「三つの柱」で解答の構成を考えてみよう！

【序論】

【本論】

【結論】

**advice**

部活動担当教師には「競技会で良い結果を残す」という願いやストレスが常にある。部活動は、競技会の結果だけでなく、全ての生徒の人間教育の大切な場である。この基本的な考えを述べ、体罰のない理想的な指導方法を目指していることを示したい。

**HINT ▶出典・参照**

□「体罰の禁止及び児童生徒理解に基づく指導の徹底について」(平成25年3月13日付け　文部科学省)　□「運動部活動での指導のガイドライン」(同年5月)

構成・記述例 **A**

【序論】 生徒や保護者は、前任の担当教員への不信感と、執着が入り交じった状態だと考える。それに振り回されることなく、部員の心が一つになり、目標に向かって安心して練習に取り組める環境作りが必要である。私は、立て直し策として以下のことを行う。

【本論】①教師の指導に対する考えとルールを明確に示す　部の目標やルールを子供とともに話し合い明文化する。　②子供に練習記録を付けさせる　日々の練習の状況や人間関係などの悩みや問題などを記録させる。　③子供が意見を述べるミーティングにする　不満や悩みを出し合い理解と調整を行う。　④保護者の協力体制を確立する　部活動便りや保護者懇談会を定期的に行い、保護者の理解と協力を得る。

【結論】 子供の主体的な努力を信じることが教師にとって必要なことである。体罰や脅しでは子供の能力は高まらないことを肝に銘じて指導に当たらなければならない。特に保護者や地域から部活動の様子が見えるようにすることが最善策だと考える。

## 保健室登校への対応

**Q15** 新学年のスタート当初は、元気に登校していたＡさんが、次第に、遅刻、保健室登校をするようになった。このとき、学級担任としてどのように接するか、具体的に述べよ。

「三つの柱」で解答の構成を考えてみよう！

【序論】

【本論】

【結論】

**KEY WORD**

○不登校の児童生徒との違い　○できない理由　○心が開けば気持ちを聞く
○保護者や養護教諭と連携　○子供の心身の情報を収集　○スクールカウンセラー
○指導の幅を広げる　○温かい学級環境を整備　○急がず、常に忘れず　○たゆまぬ指導

**HINT ▶出典・参照**

□ 中央教育審議会「子どもの心身の健康を守り、安全・安心を確保するために学校全体としての取組を進めるための方策について（答申）」(平成21年１月17日)
□「教職員のための子どもの健康観察の方法と問題への対応」(文部科学省・平成21年３月)
□ 学校保健安全法第９条（平成21年４月１日）
□「不登校への対応の在り方について」(文部科学省・平成15年５月16日)

構成・記述例

**A**

【序論】 保健室登校をする児童生徒は、不登校の児童生徒とは違い、学校に来たい、授業を受けたいと考えているが、それができない理由がある。以下の取組をしたい。

【本論】 ①急がずに１日に何回か必ず児童生徒の顔を見て、心が開けば気持ちを聞く。②保護者や養護教諭と連携し、子供の心身の情報を収集し、指導方針を決める。　③スクールカウンセラーなどの専門的職員を要請して、指導の幅を広げる。　④学級の児童生徒の気持ちを耕し、仲間意識を醸成し、受け入れるための温かい学級環境を整備する。

【結論】 私は、保健室登校をする児童生徒の気持ちに寄り添い、学級に戻れるようにソフトランディングさせてあげることが担任の責務だと考える。急がず、常に忘れず、養護教諭と毎日連絡を取り、たゆまぬ指導をしたい。

## 規範意識の育成について

## Q16 児童生徒の規範意識の育成は、生徒指導において重要な課題である。育成策について、あなたの考えを具体的に述べよ。

「三つの柱」で解答の構成を考えてみよう！

【序論】

【本論】

【結論】

**KEY WORD**

○規範意識の低下　○基本的な生活習慣　○社会の基本的規範　○守る気持ちを育てる
○自発的、主体的に規範を守る態度　○規範が守られた環境を整備
○自発的に守っていく気持ち　○学校全体の規範を守る風土

**HINT ▶出典・参照**

- □ 学校教育法第21条（平成19年6月）「学校内外における…態度の育成…」
- □「非行防止教室の推進を通じた児童生徒の規範意識の育成について（通知）」(平成18年6月)
- □「児童生徒の規範意識の醸成に向けた生徒指導の充実について（通知）」(平成18年6月)
- □ 生徒指導提要について　(平成22年4月)

構成・記述例

**A**

【序論】 家庭や地域の教育力が低下し、児童生徒の規範意識の低下が話題になっている。集団の中で指導を行う学校教育において、確実に指導することが期待されている。以下に指導の具体例を述べる。

【本論】①基本的な生活習慣を身に付けさせ、社会性の基礎を育む。　②道徳の時間などで、社会の基本的規範の意味を考えさせ、守る気持ちを育てる。　③学級会活動や生徒（児童）会活動を通して自発的、主体的に規範を守る態度を育てる。　④家庭や地域住民と連携し、家庭や地域で規範が守られた環境を整備。

【結論】 特に悪いことと考えずに規範に反している児童生徒が多くいるのが現状である。教師は、児童がそれに気付き、自発的に守っていく気持ちを育てることが大切であり、学級全体、学校全体の規範を守る風土が形成される日常的な指導が大切だと考える。

## ドメスティック・バイオレンスへの対応

# Q17 ドメスティック・バイオレンスの家庭環境が疑われる子供への、学校での具体的な対応について述べよ。

「三つの柱」で解答の構成を考えてみよう！

【序論】

【本論】

【結論】

**KEY WORD**

○学習の遅れや心身の正常な発達に支障が出ていないか　○健康観察や声掛け
○心身の変化　○校長や養護教諭と担任が連携
○児童相談所や警察等へ通告
○他人に訴えることがほとんどない

**HINT ▶出典・参照**

□ 児童虐待防止法　□ ＤＶ防止法
□「現在長期間学校を休んでいる児童生徒の状況等に関する調査結果とその対応について（通知）」(平成16年４月15日　児童生徒課長)

構成・記述例 **A**

【序論】 ドメスティック・バイオレンスにより、児童生徒に学習の遅れや心身の正常な発達に支障が出ている状況が学校の課題となっている。以下に学校の対応を述べる。

【本論】①朝の健康観察や声掛けなどを通して、子供の家庭生活の様子や心身の変化を的確に捉える。　②虐待が疑われる場合は、校長や養護教諭等と担任が連携し、早急な対応を行う。　③状況に応じて児童相談所や警察等へ通告し、具体的な対応を依頼する。

【結論】 虐待を受けている児童生徒は、他人にそれを訴えることがほとんどない。担任や養護教諭が児童生徒の身体的、精神的な変化に早く気付き保護することが重要であると考える。

## 自己肯定感の育成

## Q18 子供たちの自己肯定感を育む指導をどのように進めるか、あなたの考えを述べよ。

**KEY WORD**

○生きる目標や夢を持たせる　○問題意識や課題意識を持たせ、自ら探究していく授業　○個々の良さを探し出し認め賞賛する　○結果のみの評価や相対的な評価中心ではなく　○努力や人間関係などの過程を重視　○共感的に賞賛　○子供たちの頑張る心を大人が支え　○集団の中で育つ　○ピグマリオン効果　○子供の力や可能性を信じる

**HINT ▶出典・参照**

□ 教育再生実行会議　第十次提言（平成29年6月1日）

**advice**

教育再生実行会議の第十次提言で「各学校が、改訂学習指導要領の前文で示された理念を踏まえ、子供たちの自己肯定感を育むことを目標に掲げつつ、日頃の教育活動を行っていくことが大切」だと示している。教師は、教え込む、押しつける教育ではなく、児童生徒が「やりたい」、「やれば、できる」という気持ちを育てることが重要で、児童生徒との接し方や授業等の工夫・改善に常に取り組み、児童生徒の「自己肯定感」を育む方策と意欲を述べたい。

模範解答
**A**

子供たちが将来様々な困難に立ち向かい、仲間と協力して力強く生きていくためには、幼少期から青年期にかけて自己肯定感が確実に育っていなければならない。教師は、学習や学校生活を通して、一人一人の子供に自己肯定感を育てる教育に取り組む必要がある。そのために、以下のような教育を行いたい。

1．子供一人一人に生きる目標や夢を持たせる

教師から与えられた目的や目標だけでは主体的に学ぶことは不可能である。子供自身の興味関心や、目指す職業や夢など内発的動機が必要である。そのためには、授業などで教材や指導法の工夫を行い、問題意識や課題意識を持たせ、自ら探究していく授業を行う。

2．個々の良さを探し出し、認め賞賛する

子供は自己の努力や結果が的確に評価されることによって、学習やその他の活動への達成感や、次の学習や活動への意欲が生まれる。子供には能力差や個性差があり、結果のみの評価や相対的な評価中心ではなく、努力や人間関係などの学ぶ過程を重視するとともに、個々の子供の発想の豊かさなどを教師が把握し、共感的に賞賛することが大切だと考えている。子供は認められ賞賛されることによって、「やればできる」という自己効力感や自己有能感を持つことができ、自己肯定感が育つものと考えている。

3．くじけない心を鍛える

学習や運動では全ての時間が楽しいものではない。我慢して取り組んだり、諦めないで続けたりすることが必要である。教師の助言、保護者や地域の支援など、子供たちの頑張る心を大人が支えなければならない。部活やボランティア、地域活動などに積極的に参加することを推奨し支援していきたい。

4．共に学び助け合う喜びを味わわせる

自己肯定感は、集団の中で育つものである。教師として、仲間と競い合い、助け合い、励まし合いながら、共に学び働くことなどを体験する場を多く設定し、友達を信頼し、友達から信頼される人間関係を醸成したい。

私は、子供の指導で大切なことは、教師の期待によって学習者が伸びる「ピグマリオン効果」だと考えている。教師が子供に期待し、必ず良い方向へ育つと信じることが、子供のよりよい人格形成に大切なことである。

子供の力や可能性を信じることができ、子供に信頼される教師となるよう自己の人間性や指導力を磨き、一人一人の子供に確固たる自己肯定感を育みたいと考えている。

## 「競争と協力」の意欲・態度を育てる

**Q19** 学校教育で、児童生徒に「競争と協力」の意欲・態度を育てることは重要な使命です。どう育てるかあなたの考えを述べなさい。

**advice**

教育基本法の第１条（教育の目標）「教育は、人格の完成を目指し、平和で民主的な国家及び社会の形成者として必要な資質を備えた心身ともに健康な国民の育成を期して行われなければならない。」とある。この目標を達成するために、好ましい競争や協力の意欲や態度を育てることは学校教育の根幹を成すものである。これを育てるための指導方法や支援策を様々な教育場面に応じて述べることが必要である。

**KEY WORD**

○達成感や充実感　○競争と協力の意欲・態度　○相手を尊重　○集団活動を通して学び、高められていく　○適切な集団活動の場面を設定　○協働指導体制　○子供への相談支援　○疎外感や孤独感　○集団を通して個を育成　○個の成長が集団を発展　○共通の目標を達成する満足感、充実感

**HINT ▶出典・参照**

□教育基本法　□学校教育法　□学習指導要領　□生徒指導提要（R４年12月改訂版公表）

模範解答 A

【序論】

学校生活で、競い合い助け合い、やりがいや楽しさ、時によっては悩み苦しみを味わい、それらを通して、子供たちが達成感や充実感を味わうことは、学校教育の最大の成果だと考えている。私は下記に述べる活動や指導を通して競争と協力の意欲・態度を、子供たちに身に付けさせたいと考えている。

【本論】

1．競争や協力について深く考えさせる

社会人として、仕事をしたり、活動を共にしたりする時には、仲間との競争や協力が不可欠になる。競争には順位や優劣が伴い、協力には個々の考え方の違いが生じる。そこで、仲間から自分の非を責められたり、仲間の非を責めたりすることが起こりやすい。しかし、意見が異なる者同士でも、互いに相手の考えや行為に理解を示し、相手を尊重し、自由に話し合えることが、良い集団であり、それを作り上げることが成員の務めであり、やりがいになることを、道徳や学級指導などで子供たちに考えさせ、議論させたい。

2．集団活動を通して競争、協力を体験させる

競争や協力は、集団活動を通して学び、高められていく。教師の務めは、適切な集団活動の場面を設定し、子供が、互いに認め合い、正々堂々と競争し、考えを調整し、協力しながら共通の目標に向かうように指導することである。そして、その過程を通して、子供が、達成感や感動や喜びを味わうことができるように支援することである。校外学習のグループ行動、部活動や委員会活動などは育成のための有効な場面である。

3．教師相互の共通理解、協働指導体制

生徒指導の基本であるが、競争することや、協力することを指導する場合でも、学校の全ての教員が、あらゆる場面で、その指導の価値や方法を共通理解し、子供たちを励まし、褒めることを心掛けなければ、成果は上がらないと考えている。

4．教師による個々の子供への相談支援

学校では集団活動の中で様々な人間関係を学ぶが、競争や協力が必要な場面で、けんかや、いじめが起こったり、疎外感や孤独感などを強く感じたりする子供が必ず出る。教師はそんな場面で、個々の子供の状況に応じて、教育的配慮で集団活動を支援する。

また、子供によっては、集団指導では十分な効果が上げられない場合があり、集団を離れて、個々の悩みを聞き、解決策を一緒に考える指導も大切だと考える。

【結論】

集団を通して個を育成し、個の成長が集団を発展させるという指導原理がある。学校教育は、子供一人一人の生きる力を伸ばすことが目的である。好ましい集団活動を通して、正々堂々と競争し、互いに励まし合い、助け合って、共通の目標を達成する満足感、充実感を子供に体験させ、競争し協力する意欲や態度を育てたい。

## 教育相談の進め方

**Q20** 教育相談は、生徒指導における大切な機能である。学級担任として教育相談をどのように進めるか具体的に述べよ。

**advice**

教育相談は、生徒指導の重要な柱である。教員として教育活動を適切に行い児童生徒の豊かな学校生活や健全な人間育成を図らなければならない。そのために「個々の子供に焦点を当て内面の変容を図る」ことを目的とする教育相談は学級経営の根幹を成す機能である。教育相談の重要性を自覚していることを述べるとともに、日々の教育相談の実施について具体的に述べたい。

**KEY WORD**

○個々の子供に焦点を当て　○内面の変容を図る　○子供一人一人の理解　○人間関係の把握　○早期発見・早期対応　○全ての生徒を対象　○教師への信頼感　○相談しやすい雰囲気　○他と連携　○養護教諭　○スクールカウンセラー　○教育相談のネットワーク　○教育相談力の向上　○思春期　○重大事態　○教育心理学　○発達心理学　○カウンセリングの技術　○教師の人間性や指導力　○児童生徒理解力

**HINT ▶出典・参照**

□ 小学校学習指導要領第6章（中学校学習指導要領第5章）特別活動（学級活動）
□生徒指導提要（平成22年3月、現在、協力者会議で改訂中。その動向も注視しておきたい）

模範解答 A

1．はじめに

教育相談は、教師があらゆる機会に積極的に児童生徒に働き掛けていく活動で、特定の教師が特定の児童生徒に行うものではなく、相談室だけで行うものでもない。教育相談は生徒指導や学級経営の要である。それぞれの児童生徒の個性を伸長し、取り巻く課題の解決を支援する、子供に寄り添った教育相談を以下のように取り組みたい。

2．具体的な方策

（1）担任が行う教育相談　①個々の課題に応じた教育相談　教育相談は個々の子供に焦点を当て内面の変容を図ることが目的である。児童生徒の問題の中には、発見しにくい問題、問題が起こる理由が分かりづらいもの、問題の理由は分かるが解決が困難なものなどがある。担任は日頃から子供一人一人の理解や人間関係の把握に努めるためにアンテナを高くしていなければならない。問題の早期発見・早期対応に心掛けることが大切である。相談日を設けるだけではなく、いつでも、どこでも、ほかの子供たちに気付かれない形で相談ができる配慮が大切だと考える。

②全ての生徒を対象とした教育相談　教育相談は問題を抱えた子供だけが対象ではない。全ての子供が大なり小なりの悩みや課題を持っている。「何事も生じていないとき」に子供の状態や子供の人間関係を観察し把握しておくことが重要で、子供の情報収集は怠ってはならない。教育相談に来るのを待つのではなく、こちらから相談に来ることを促すことも必要である。

効果的な教育相談の基盤は、教師への信頼感、相談しやすい雰囲気を日頃から醸成しておく学級経営や生徒指導が肝要だと考える。

（2）他と連携して行う教育相談　相談者が担任の場合、子供が相談しやすい場合としにくい場合がある。相談内容や子供の気持ちを考慮して、他の教員や養護教諭、スクールカウンセラーなどに依頼することも必要である。また、問題の内容によっては、スクールソーシャルワーカーや児童相談所などへの紹介も考慮すべきである。担任が一人で相談を受け解決しようとせず、多様な人材の力を借りて効果的な教育相談を行うべきである。日頃からの教育相談のネットワークの構築が必要だと考える。

（3）教師の教育相談力の向上　子供の相談内容は、学業、学校不適応、いじめ、心身の違和感、友達関係、家庭問題、経済問題など多種多様である。それに対応できる知識や人間関係が必要になる。

また、思春期の傷つきやすい子供への対応など、一歩間違えれば、支援するどころか子供の心を傷つけたり重大事態へ発展したりする場合もあり得る。教育心理学、発達心理学的の知識等やカウンセリングの技術の習得に努めるなど、教師の責任の重さを自覚し研修に努め、教育相談の能力向上に努めたい。

3．まとめ

教育相談で一番重要なことは、教師の人間性や、指導力、児童生徒理解力だと考える。児童生徒から信頼されていない教師に心を開き自分の悩みや迷いについて相談することはあり得ない。また、教師自身が自らの力だけにこだわることなく他の教員や保護者や関係者等と連携する心構え、常に研修や相談経験を積み、能力を高める努力が大切だと考える。子供の良き相談者となりたい。

## 校 則 に つ い て

**Q21** 社会の価値観が多様化する中で、生徒指導面から校則を見直す動きがみられる。校則について、あなたが勤務を希望する学校種に応じて、あなたの考えを述べよ。

**KEY WORD**

○校則というと、学校が定め、それを生徒たちが守るというものがほとんど
○中学校では、集団生活においての規則がなぜ必要か、なぜ守るのかを教える大切な時期
○民主主義の基礎となる自律の精神や協力・協調の精神を育てていく良い機会
○生徒の主体性を尊重した校則作り

**HINT ▶出典・参照**

□ 学校教育法施行規則第３条の学校に備えなければならない表簿として、「学則」がある。「校則」はこれに含まれるものと考えられる。
□ 児童の権利に関する条約第1部第12条「自己の意見を表明する権利」第13条「表現の自由についての権利」日本は条約の締結国。
□ 管理教育：学校の秩序を維持するために日常生活の細部にわたって規定が肥大化している状態で、児童生徒の主体性等が軽視された状態。

模範解答

A

校則は、一般的には児童生徒が学校内外で守らなければならない規則を定めたものである。中学校では、一般的には生徒規則（生徒心得）というようなもので、出欠席等の手続きや、髪型、服装、持ち物等、日常生活の決まりについて定められている。

今まで校則というと、学校が定め、それを生徒たちが守るというものがほとんどだった。作る側の学校では、髪型の乱れや、服装の乱れが、生徒たちの心の乱れ、日常生活の乱れにつながるという考えから、前髪の長さ、髪の結い方、スカートの長さなどの規則を作り、生徒に守ることを求めた。また、保護者にも守らせることを求めた。

生徒たちのほとんどは、特別な考えを持たずに、校則を守って生活している。なぜそういう規則なのか考える生徒はあまりいない。しかし中学生という年代になれば、善悪の判断はある程度できるようになっているはずである。そうした中学生に、ただ大人が決めた規則を押しつけても、反発を招くだけであろう。決められた校則を守らせるのではなく、集団生活において、なぜ規則が必要なのか、どんな規則が良いのかなどを生徒が自ら考え、クラスメイトと話し合い、自分たちで校則を作っていく。それは、生徒の主体的で秩序ある学校づくりの基本になるとと考える。そしてそれは、民主主義の基礎となる自律の精神や協力・協調の精神を育てていく良い機会にもなる。

学校や生徒の実態に差があり、どこでも簡単にできるものではないかもしれないが、それが最終的に目指すべき姿だと考える。

**ここもおさえておきたい!!**

## 校則の見直し

「生徒指導提要（平成22年3月）」に、校則の見直しについて次のような記述がある。

学校を取り巻く社会環境や児童生徒の状況は変化するため、校則の内容は、児童生徒の実情、保護者の考え方、地域の状況、社会の常識、時代の進展などを踏まえたものになっているか、絶えず積極的に見直さなければなりません。

校則の内容の見直しは、最終的には教育に責任を負う校長の権限ですが、見直しについて、児童生徒が話し合う機会を設けたり、ＰＴＡにアンケートをしたりするなど、児童生徒や保護者が何らかの形で参加する例もあります。（途中略）

このように、校則の見直しは、校則に対する理解を深め、校則を自分たちのものとして守っていこうとする態度を養うことにつながり、児童生徒の主体性を培う機会にもなります。

## 日常的ないじめ防止策

**Q22** 「いじめの防止等のための基本的な方針」が改定され、「けんかを除く」という文言がいじめの定義から除かれた。このことを踏まえて、日常的ないじめ防止策についてあなたの考えを述べよ。

**KEY WORD**

○心に深い傷を残す　○いじめを撲滅　○些細に見えるトラブル　○早期発見　○初期対応　○いじめ被害の可能性　○管理職に相談　○「いじめ対応組織」と連携　○道徳科　○トラブルを認知した子供たちの人間関係に留意　○続的に細心の注意を払う　○学校全体の課題

**HINT ▶出典・参照**

□ いじめ防止対策推進法
□ いじめの防止等のための基本的な方針（平成25年10月11日文部科学大臣決定、平成29年3月改定）

**advice**

けんかやふざけ合いであっても、教師の見えない所、見えない時間でいじめ被害が発生している場合がある。児童生徒間のトラブルに関しては、常にいじめの可能性を考えて細心の注意を払う必要があることなど、日常的なきめ細かな配慮が教師の責務であることを述べたい。

教職員がいじめの情報を把握したにもかかわらず、それに対応しようとしなかった場合には、いじめ防止対策推進法違反になり得る。

模範解答

**A**

文部科学省の調査でも、依然としていじめは各学校において多く起こっている。いじめは、児童生徒の学業や学校生活に支障を来すだけでなく、将来にわたり心に深い傷を残すものである。細心の注意を払って学校からいじめを撲滅することは、学校や教員の最大の責務である。

学校生活における児童生徒間の些細に見えるトラブルでも、いじめであったり、いじめに発展したりする可能性がある。私は、いじめの対応で特に大切なのは早期発見だと考えている。そのために以下のようないじめ防止対策を考えている。

1．いじめ被害の可能性のある児童生徒へ初期対応

緊急の可能性を考えて、把握したその日のうちに、直接いじめについて聞かない場合でも、いじめ被害の可能性のある子供に接触して情報を収集する。（緊急性があれば、管理職に相談して保護者へ連絡するなどの緊急対応を行う。）

2．学校の「いじめ対応組織」と連携

①学校の「いじめ対応組織」へ報告

「けんか」等のトラブルを教員が認知した時期、他の児童生徒等からの情報等、現時点で把握している情報を組織へ報告する。

②状況の分析と対応の判断

「けんか」がいじめにつながる緊急性を判断し、被害の可能性のある児童生徒の保護、調査（関係した子供または学級全体等）、いじめ解消の対応、その後の状況の見守り、定期報告などのレベル判断と対応計画を「いじめ対応組織」と担任が共通理解し課題解決を行う。

③関係機関との連携

必要に応じて、関係機関や、スクールカウンセラー、スクールソーシャルワーカー、弁護士、医師などの協力を要請する。

3．該当児童の保護者や他の保護者との連携協力を行う

該当する保護者やその他の保護者へ、それぞれに必要な情報提供を行い、協力を求める。情報提供の内容や時期は「いじめ対策組織」の判断を仰ぐ。

4．道徳科や学級指導等を通して、児童生徒からの情報収集や全体的な指導を行う

「けんかや口論等」と「いじめ」の違いについて、子供たちに話合いを通して考えさせる。教師が小さなもめごとを見逃すことなく、互いに思いやり安心して学べる人間関係づくりに努める。

5．トラブルを認知した子供たちの人間関係に留意する

該当した児童生徒に、調査等でいじめが確認されなかった場合でも継続的に細心の注意を払う。また、該当する保護者や地域や学習塾などの人間関係についての継続した情報収集に努める。

いじめの対応は個々の教師が単独で行うのではなく、学校全体の課題として行うべきものである。私は、校長や先輩の指導を得ながら、生徒指導の基本である児童生徒理解や学習、生活状況の把握に細心の注意を払い、児童生徒が互いに思いやる人間関係づくりに努めたい。けんかや、子供たちの会話などから、いじめの芽を早期発見して摘み取り、学校からいじめを撲滅するために職責を果たしたいと考えている。

## 情報教育・情報モラル教育の在り方について

**Q23** 情報教育・情報モラル教育の在り方について、あなたが勤務を希望する学校種に応じて、あなたの考えを述べよ。

**KEY WORD**

○「情報活用能力」の育成　○操作に慣れ親しむ
○学習活動のツールとして活用していく力を育む
○情報手段を主体的、積極的に活用できる指導　○ GIGA スクール環境整備
○情報・モラル教育は義務教育、高等学校段階を通して体系的に行う
○大学入試で情報

**HINT ▶出典・参照**

□ 小・中学校学習指導要領第1章総則第２教育課程の編成の２（１）
□ 小・中学校学習指導要領第1章総則第３教育課程の実施と学習評価の１（３）
□「情報モラル指導モデルカリキュラム」(平成19年5月)
□「学校のＩＣＴ化のサポート体制の在り方について」(平成20年7月)
□「教育の情報化に関する手引」(令和元年12月)

模範解答 **A**

「生きる力」を身に付ける上で、「情報活用能力」の育成は欠くことができない。また、学習指導要領の改訂で重点が置かれている言語活動の基盤にもなる力である。一方で情報化の影の部分も見逃せない。情報教育では情報活用能力と情報モラルの育成を一体として考えなければならない。

（小学校）学習指導要領にあるように、小学校における情報教育は、まず情報手段の操作に慣れ親しみ、発達段階に応じ、言語活動を通して、学習活動のツールとして活用していく力を育てることが大切だと思う。

（中学校）学習指導要領にあるように、中学校における情報教育は、情報通信ネットワークなどの情報手段を、学習の内容や状況に応じて主体的、積極的に活用できるように指導することが大切である。

小中学校においては、GIGA スクール環境整備により、児童生徒一人一台の情報端末が整備され、授業で ICT を使うことは、身近になった。まずは操作に慣れ親しむことから始まるのだと思うが、使い慣れてきたら、情報活用能力の育成に活用の重点を移していかなければならない。そのために、日常の教科の授業での学習活動のツールとして活用する場面を設定し、体験的に子供たちの情報活用能力も育むことができるカリキュラムづくりが重要になる。

同時に、整備された一人一台の情報端末が、いじめに使われるといった事例も全国各地で発生しており、今まで以上に情報モラル指導の重要性も高まっている。情報モラル教育においては、家庭の果たす役割も大きいので、学校と家庭が連携して指導できるように、実態や指導内容などの公開や指導方針の共有化を図りたいと考える。また、１回指導すれば終わりというものではなく、発達段階ごとに様々な問題が出てくるので、義務教育、高等学校段階を通して体系的に行う必要がある。そのために、他校種との情報共有や連携なども積極的に図っていくことが重要になる。

これからの子供たちに欠かせない情報活用能力を育むための２本柱として、「情報端末のツールとしての日常活用」と「情報モラル指導」を並行して積極的に推進していかなければならないと考えている。

**ここもおさえておきたい！！**

## GIGA スクール構想について

全国の児童生徒に一人一台の情報端末と高速ネットワークを整備する文部科学省の取組。これにより、多様な子供たちを誰一人取り残すことなく、個別最適化され、資質・能力が一層確実に育成できること、および、これまでの我が国の教育実践（の良さ）と最先端の ICT のベストミックスを図り、教師・児童生徒双方の力を最大限に引き出すことを目指すもの。

## 「仲直りの握手」の問題

# Q24

**教員の指導で「仲直りの握手」ということが社会で話題になった。「仲直りの握手」について、あなたの考えを述べよ。**

**KEY WORD**

○子供の気持ちを十分にくむ　○事態の構造や本質を正しく把握　○協力する集団
○いじめる側の理屈　○信頼と思いやりの心

**HINT ▶出典・参照**

□ 小・中学校学習指導要領解説総則編（第６節３「豊かな体験活動の充実といじめ防止」）
□ 生徒指導提要（平成22年3月文部科学省）

**advice**

「仲直りの握手」が社会問題化した背景には、教師の表面的・安易な指導に対する保護者や社会の批判がある。教師は多忙な仕事であるが、児童生徒の安全や安心に関わる問題については、特に注意をして細やかな指導を行うことが必要なことを強く述べたい。

模範解答

**A**

「仲直りの握手」の問題は、仲直りの気持ちが当事者にないのに、教師が表面的に握手をさせ、トラブルを終わらせてしまい、後々子供が教師への不満と不信感を抱くことにある。子供の気持ちを十分にくみ取らないいい加減さが、社会の教師に対する不信感となりマスコミで話題になったと考える。

以下、対策について述べる。

1．トラブルの実態をつかむ　子供の間のトラブルの原因やその後の経緯、人間関係などについて表面的でなく、当事者、周囲の者、教員等から詳細に聴き取り、トラブルの構造や本質を正しく把握する。

2．当事者の気持ちを共感的に理解する　例えばいじめの場合、いじめられていた子供のつらかった気持ちについて共感的に受け止め話を聞くことが必要であって、「あなたにも、悪いところがあったのでは」のような発言は避けたい。また、ある子供が、一方的にいじめていたとしても、いじめる側の理屈にも、きちんと耳を傾けることが大切である。そうすることによって、素直に自己の過ちや思いの至らなさなどを素直に認める気持ちになると考える。

大切なのは、どちらが正しいのかを明らかにすることではなく、相手を不快にしたり傷つけたりした子供が、素直に非を認め、心から謝罪をすることである。そして、被害を受けた子供が、相手を許そうという気持ちになることが重要である。子供の間に入って心からの仲直りができるように指導するのが教師の大切な仕事である。

3．当事者に問題の解決方法をついて考えさせる　教師指導の下、時間をかけ、関係する子供一人一人の気持ちや考えを話し合い、互いが納得するよう努力しなければならず、簡単に解決するとは考えないようにしたい。

子供たち自身が互いに仲良くなる方法を考え、仲直りしようと努力する気持ちになることが大切であり、指導に当たる教師の指導力がものをいう。

4．保護者との協力関係を重視する　子供同士のトラブルは、保護者を抜きに解決することが難しい場合がある。保護者は自分の子供をかわいいと考える。そのため、保護者に適宜連絡を取り、トラブルの説明やその後の指導の経緯について正確な情報を伝え、共通理解のもと指導を続けなければならないと考えている。

5．校内指導体制の中で指導を進める　校長先生や生徒指導の先生方と連絡を密にし、課題を共有し、連携し、保護者や地域の協力を得ることで効果を上げると信じている。

子供間のトラブルは、その時点で解決したように見えても再燃することが多い。継続的に見守り、適宜指導を行う必要がある。また、子供間のトラブルが起こりやすい学級や部活は、日頃の経営が不十分なのではないか。私は、日頃から一人一人の子供の良さや違いを大切にし、子供が互いに信頼と思いやりの心を持ち、競い合い、助け合い、協力する集団を作ることに心血を注ぎたい。

## 学級の年間指導計画の作成

**Q25** 学級の年間指導計画の作成は担任の職務である。教科等の指導計画をどのようなことに留意して作成するか述べよ。（小学校）

「三つの柱」で解答の構成を考えてみよう！

【序論】

【本論】

【結論】

**KEY WORD**

○効率的・効果的で実効性のある年間指導計画
○学習指導要領に準拠　○児童生徒の実態
○指導内容の関連性　○学校や地域の実態
○教師同士の連携

**HINT ▶出典・参照**

□ 学校教育法施行規則第50条（教育課程の編成）、第51条（授業時数）、第52条（教育課程の基準）
□ 学習指導要領総則第２「教育課程の編成」

**advice**

学級の年間指導計画は各学級担任が作成するものである。法律等の基準を守り、学習指導要領の総則にのっとり、児童生徒の実態応じた年間指導計画の作成が必要なことを述べる。

構成・記述例 **A**

【序論】 学校教育法や学習指導要領に示された目標を達成するためには、効率的・効果的で実効性のある年間指導計画の作成が必須である。以下に留意点を述べる。

【本論】 1．法令や学習指導要領に準拠し「主体的・対話的で深い学び」を可能にする指導計画作成。　2．児童生徒の実態に応じて、学校教育目標や重点を具現化し、それに応じ、教科等の指導の重点を決定。　3．各教科等の指導内容の関連性を考え、学校や地域の実態を考慮し、指導順序を決定。　4．学級や学年の枠を越えた教師同士や地域人材との連携し、習熟度別学習や興味・関心別学習に対応したティーム・ティーチングの実施を計画する。

【結論】 学校だけでなく保護者や地域にも年間指導計画を積極的に公開し、年度末には成果と課題について意見を聞く場を設けるなど、地域に開かれた教育課程が必要である。

学習習慣を確立させる具体策

## Q26 学級担任として児童生徒に望ましい学習習慣を付けさせるための指導について、具体的に述べよ。

「三つの柱」で解答の構成を考えてみよう！

【序論】

【本論】

【結論】

**KEY WORD**

○平成26年度全国学力・学習状況調査
○学習習慣の指導は教師の重要な役目
○授業を受ける基本的習慣
○家庭学習の基本的習慣
○応用・発展学習
○学び方を具体的に指導する

**HINT ▶出典・参照**

□ 学校教育法第30条（小学校教育の目標）②、中学校（小学校準用規定）
□ 小・中学校学習指導要領第1章総則第1の2（1）

構成・記述例 A

【序論】 平成26年度全国学力・学習状況調査において、学習習慣が確立している児童生徒の方が、教科の平均正答率が高い傾向が見られたと報告されている。学習習慣の指導は教師の重要な役目であり、以下のような具体策を考えている。

【本論】①授業を受ける基本的習慣を付ける。（準備、ノート作成、話合いやグループ学習の仕方等）

②家庭学習の基本的習慣を付ける。（家庭での予習、復習、練習等）

③応用・発展学習の方法等を例示し、意欲化を図る。（自主的な調べ学習や創作活動等）

【結論】 学習習慣は生活習慣の一部であり、将来の仕事を進める上でも、人生を豊かにする上でも身に付けておきたい事柄である。学び方を具体的に指導することが教師の重要な任務だと考える。

## 学級の意欲向上策

## Q27 新しく担任した学級が、全体的に無気力であると感じた。意欲的な学級作りのための、あなたの方策を具体的に述べよ。

「三つの柱」で解答の構成を考えてみよう！

【序論】

【本論】

【結論】

**advice**

方策について聞いているので、学級経営の基本は押さえておかなければならない。集団を好ましい方向に育てていくためには「森を見て木を見ず」であってはならない。「一人一人の子供を大切にすれば全体は育つ」と考えていることを論文の中に明確に示したい。

**HINT ▶出典・参照**

特別に出典となる文書等を想定していないが、学級経営に関係した書籍は何冊か読んでおくことを勧める。必ず試験に役立つはずである。

構成・記述例

**A**

【序論】 教育実習で、学級によって授業のやりづらさを感じることがあった。それは学習習慣のしつけというより、子供の意欲や活気のなさが原因だったと考えている。以下に意欲的な学級作りについての考えを述べる。 【本論】①子供とともに作り上げる学級目標 子供の主体性を重視することにより、自己責任と達成感を持たせる。 ②励まし合う人間関係作り 学校行事などで、一人の脱落者も出さず目標を達成する充実感を得させる。 ③意欲を持って楽しく学習し、個々の成長が見える授業の実施 教師が常に授業改善に努め、一人一人の成長を見極め伝えていく。 【結論】 学級全体の意欲を育てるためには、一人一人の意欲が育たなくてはならない。個々の子供との対話を通して、励まし支援していく学級経営が必要だと考えている。喜びや悲しみなどを子供とともに感じ、共に成長していこうとする姿勢が教師にとって大切なことだと考えている。

## 道徳科の授業の在り方

**Q28** 「特別の教科　道徳」（道徳科）が位置付けられた。特にいじめ対策としての道徳科の授業の在り方について述べよ。

「三つの柱」で解答の構成を考えてみよう！

【序論】

【本論】

【結論】

**advice**

ポイントは「考えさえる」「議論させる」授業である。文部科学省等の資料を参考にこのポイントを押さえ、自分なりの考えをまとめておくことが大切である。

**HINT ▶出典・参照**

□ いじめに正面から向き合う「考え、議論する道徳」への転換に向けて（文部科学大臣メッセージ）について（平成28年11月18日）

構成・記述例

**A**

【序論】　いじめを原因とする自殺など悲惨な事例がたびたび起こり、学校における心の教育の重要性が指摘されたことを要因とする「道徳科」への改正である。「道徳科」では、授業の在り方の変革を求めている。以下に、いじめに関する道徳科の授業の在り方について述べる。　【本論】①子供の日常生活の諸問題を教材化　学級の身近ないじめに類する諸問題を教材として取り上げ、「何が問題だったのか」「自分ならばどうするのか」など互いに議論をする授業を行う。　②それぞれの視点に立って考える授業　いじめられる側、いじめる側、傍観している者のそれぞれの視点に立って考え、意見を交換し合う授業を行う。　③役割演技を取り入れた授業　役割を演じさせ、深くそれぞれの心を考えさせる授業を行う。　【結論】　いじめの原因は、いじめを行う側のストレスの解消、いじめ相手への劣等感や違和感など多様な要因が考えられる。子供への表面的な指導ではなく、行動を反省し深く考えさせる授業でなければ成果は上がらないと考えている。

## 保護者との連携

# Q29 学級担任として保護者との連携をどのように図るか、考えを述べよ。

「三つの柱」で解答の構成を考えてみよう！

【序論】

【本論】

【結論】

**advice**

保護者との関係や連携の成果や課題を理解した上で、教員としての保護者との連携の在り方について述べることが必要である。

**KEY WORD**

○学校だけでは解決できない課題　○連絡帳　○学級通信　○授業参観・懇談会　○家庭訪問

**HINT ▶出典・参照**

□「保護者等連携の手引き」大阪府教育委員会（地域性があるが、受験都道府県等の資料を参照する必要あり）

構成・記述例 **A**

【序論】　いじめや不登校など学校だけでは解決困難な課題が増えている。また、学力観やしつけ観の違いで保護者と担任とのトラブルはあとを立たない。保護者との連携を以下のように図る。

【本論】①定期的に連絡帳等で個々の児童生徒の情報を保護者に伝える。②保護者の意見欄を設けた学級通信で、学習指導や児童生徒の様子を家庭に伝える。③授業参観・懇談会の目標を明確に設定し、保護者と担任との情報共有の場とする。④気になる児童生徒の家庭との連絡や家庭訪問を積極的に行う。

【結論】　保護者と担任が児童生徒の願いや実態を共有することが、教育の成果を上げるために重要だと考えている。そのため、担任として保護者への積極的な働きかけをしたい。

## 学級懇談会の在り方

**Q30** 今、マンネリ化した学級懇談会の在り方が見直されている。学級懇談会について、あなたの考えを具体的に述べよ。

「三つの柱」で解答の構成を考えてみよう！

【序論】

【本論】

【結論】

**advice**

積極的に工夫・改善し、懇談会をよりよいものにしたいという意欲を述べたい。

**KEY WORD**

- ○学級経営上重要な会
- ○懇談会の年間テーマを保護者とともに作成
- ○保護者の意見を求める
- ○会運営を工夫
- ○事前に情報を家庭に流す
- ○コミュニケーションの絶好の場

構成・記述例

**A**

【序論】 学級懇談会は、学級担任が学級経営や教科指導の様子や児童生徒の実態を説明したり、子供の家庭での様子を聞いたりすることを目的とした学級経営上重要な会である。

【本論】 ①年度当初に時季に合わせた懇談会の年間テーマを保護者とともに作成する。
②学習指導や生徒指導上の成果と課題の経過を評価し、保護者の意見を求める。
③懇談会資料の作成や会運営を工夫し、多くの保護者が意見を述べられるようにする。
④学級内で課題になっている内容は、事前に情報を家庭に流し、会ですぐに取り上げる。

【結論】 教育効果を高めるためには、教師と保護者の連携は不可欠である。学級懇談会はコミュニケーションの絶好の場である。最大限効果が発揮できる学級懇談会にしたい。

## ボランティア教育の意義とその活動の進め方

**Q31** 学校教育現場においても、「ボランティア活動」が重要視されているが、ボランティア教育の意義や学校でのボランティア活動の進め方について、あなたの考えを述べよ。

「三つの柱」で解答の構成を考えてみよう！

【序論】

【本論】

【結論】

**KEY WORD**

○手助けを必要としている人を支援　○自己実現　○人間的成長
○年間指導計画　○ボランティア精神　○身近な生活環境
○意欲的に楽しんでボランティアに取り組む姿を子供たちに見せる

**HINT ▶出典・参照**

□ 中学校学習指導要領第１章総則第6の３
□ 社会教育法第５条12
□ 学校教育法第21条（普通教育の目標）、第31条（体験活動の充実）
□ 小学校学習指導要領第5章総合的な学習の時間第3の２（４）
□ 中学校学習指導要領第4章総合的な学習の時間第3の２（４）

構成・記述例

**A**

【序論】ボランティアの意義は、手助けを必要としている人を支援することを通して、自己実現を図り、自己の人間的成長を目指すものであると考えている。

【本論】①学級の年間指導計画の中にボランティア活動を位置付ける。
②道徳の時間や学級会活動を通して、子供たちにボランティア精神を育てる。
③家庭や地域と連携して、身近な生活環境においてボランティア活動を行う。

【結論】 教師自らが目的意識を持ち、意欲的に楽しんでボランティアに取り組む姿を子供たちに見せることが大切だと考える。

## 学校図書館の機能３点とその生かし方

# Q32 学校図書館の持つ機能を三つ挙げ、学級担任として、その機能をどのように生かすか述べよ。

「三つの柱」で解答の構成を考えてみよう！

【序論】

【本論】

【結論】

**advice**

ただ学校図書館に行かせるだけでは駄目で、教師の意図的、計画的な指導が効果を上げることを述べる。

**KEY WORD**

○言語発達　○豊かな心
○読書センター　○読書意欲を高める
○読書の楽しさ　○学習・情報センター
○調べ学習　○心の居場所
○自由に楽しませる
○教師が積極的、計画的に学校図書館を活用

**HINT ▶出典・参照**

□ 学校図書館法
□「平成24年度「学校図書館の現状に関する調査」の結果について」(平成25年2月5日)
□ 平成24年度文部科学白書（平成25年7月31日）
□ 子どもの読書活動推進に関する法律（法律第154号　平成13年12月12日）

構成・記述例

**A**

【序論】 学校図書館法第３条により、学校に設置義務がある学校図書館は、児童生徒の言語発達と豊かな心を育てるために重要な設備である。以下にその機能の生かし方について述べる。

【本論】①「読書センター」として、子供たちへの読書意欲を高め、読書の楽しさを味わわせる。
②「学習・情報センター」として、授業の調べ学習などに積極的に活用する。
③「心の居場所」として、個々の興味や関心に応じて、自由に楽しませる。

【結論】義務教育段階は、主体的に本を読む習慣を身に付ける大切な時期であり、教師が積極的、計画的に学校図書館を活用した教育活動を行うことが重要と考える。

## 通学路決定時の留意事項と、安全な登下校確保の配慮事項

**Q33** 登下校時における交通事故や、犯罪被害が依然としてあとを絶たない。そこで、通学路を決定する際の留意事項及び安全な登下校を確保するための配慮事項について述べよ。

「三つの柱」で解答の構成を考えてみよう！

【序論】

【本論】

【結論】

**advice**

通学路の選定は大切なことであるが、日頃の学校や教員の管理や指導があって子供の安全が確保されることを述べたい。

**KEY WORD**

○危険要素を避ける　○安全対策を明確に示す
○最短距離　○交通状況が危険ではない
○危険箇所の周知　○安全な登下校の方法の指導
○保護者との共通理解と連携　○人通りが多い
○地域住民や警察等との協力　○隙間なく指導を行う

**HINT ▶出典・参照**

□「通学路の交通安全確保の徹底について（依頼）」（平成24年5月）
□「学校安全の推進に関する計画の策定について（答申）」（平成24年3月・中央教育審議会）

構成・記述例

**A**

【序論】 登下校時における、交通事故や不審者による被害が多発し、子供の安全・安心を脅かしている。学校や担任の適切な安全配慮や安全指導の在り方が問われている。

【本論】 ①通学路決定への留意事項は、あらゆる危険要素を避けるか、避けられない場所では安全対策を明確に示す。最短距離であり、交通状況が危険ではない、人通りが多い、有害な施設がない、河川や崖など危険な自然環境などを考慮した通学路が良い。　②安全な登下校への配慮事項は、危険箇所の周知と安全な登下校の方法の指導、保護者との共通理解と連携、地域住民や警察等との協力である。

【結論】 児童生徒の安全・安心を守るためには、基本的な指導や環境の整備は大切であるが、教師や保護者がいつも子供の安全に対するアンテナを高くし、危険な環境や状況を排除し、隙間なく指導を行うことだと考える。

## グループに対する指導

**Q34** 学校において子供たちは様々なグループを作る。グループ指導についてあなたの考えを述べよ。

「三つの柱」で解答の構成を考えてみよう！

【序論】

【本論】

【結論】

**KEY WORD**

○教師の干渉　○信頼関係　○学級活動
○感動や充実感　○人間的成長

**HINT ▶出典・参照**

□ 小（中）学校学習指導要領解説（総則）第４児童（生徒）の発達の支援
□ 生徒指導提要（平成22年3月）

**advice**

グループ指導というと、グループの機能を高め、成果を上げることに目が向きがちであるが、集団に支えられて各自の人格や個性、社会性が育つという大切な作用もあり、これが生徒指導の目的・目標であることを忘れてはならない。

構成・記述例 **A**

【序論】 子供たちは学校生活の中で、多様なグループを作る。その人間関係がおかしくなると、不良行為やいじめなどへとつながる。以下グループ指導について述べる。

【本論】 1．自然発生的にできるグループへの対応　学級内や部活内で様々なグループができ、様々な問題が起こる。教師の干渉を嫌うが、教師はいつでも相談に乗れるように、信頼関係の構築に努める。　2．教師が意図的にグループを編成　学級活動や学校行事、委員会活動などで、教師が教育意図のあるグループを編成し、協力、協調、競争、妥協、感動や充実感などを経験させ、豊かな人間性を育てる。　3．学校外でできるグループへの注意　塾や習いごと、SNSなどでの人間関係は実態がつかみにくい。保護者、関係機関等とも連携に努める。

【結論】 好ましいのは、互いに理解し尊重し合い、意見を自由に言え、豊かな人間関係を通して人間的成長ができるグループだと考える。常にアンテナを高くして見守り、きめ細かに指導したい。

## 清掃活動の価値

## Q35 学校で行う児童生徒の清掃活動の教育的価値はどのようなことだと考えるか。また、児童生徒への清掃活動のめあてを与える場合の指導について述べよ。

「三つの柱」で解答の構成を考えてみよう！

【序論】

【本論】

【結論】

**KEY WORD**

○自己の役割を自覚　○社会の一員としての役割を果たす　○全員が積極的に清掃に取り組む　○自己評価　○全体評価
○協調性や協力する態度

**HINT ▶出典・参照**

□ 小学校学習指導要領第6章（中学校学習指導要領第5章）第２　２（３）一人一人のキャリア形成と自己実現

**advice**

学習指導要領では、「清掃活動」は特別活動の中に位置付けられている。日本特有の教育活動であり教育的価値は他国からも認められている。清掃の教育的価値を理解して清掃の「めあて」の与え方について述べたい。

構成・記述例

**A**

【序論】 学習指導要領では、清掃活動は、児童生徒が「自己の役割の自覚」や「社会の一員としての役割を果たす」ことができるようにすることと示している。この教育的価値の達成に向けて、教師が支援しながら子供とともに「清掃のめあて」を作成する。【本論】 1．教師の清掃活動についての考えや期待を伝える。 2．清掃活動の必要性や問題点について話し合う。 3．全員が積極的に清掃に取り組める方法を出し合う。 4．具体的に実現可能で評価可能な「めあて」を作成する。 5．定期的に自己評価や全体評価をする。【結論】 悪い環境が悪い人間を作り、それが広がっていくことや、清掃活動を通して、協調性や協力する態度、段取る力、気付く力などが身に付くことを知らせたい。きれいな学校を、皆で協力して作り上げる満足感を味わわせる活動にしたい。

子供の貧困への対応

# Q36 「子供の貧困」に学級担任としてどう対応するか述べよ。

「三つの柱」で解答の構成を考えてみよう！

【序論】

【本論】

【結論】

**advice**

児童生徒の貧困対策は行政の仕事であるが、学校は児童生徒の貧困状態を早期に発見できる場である。担任は、児童生徒の貧困を発見し、保護者への支援が速やかに行われるようにすることが大切であることを述べる。

**HINT ▶出典・参照**

□「子どもの貧困対策の推進に関する法律」(制定：平成25年法律第64号)
□「子どもの貧困対策に関する大綱」

**KEY WORD**

○学業に悪影響　○生活態度や様子
○家庭の状況　○学校納入金未納
○生活の基盤　○支援体制

構成・記述例

**A**

【序論】　家庭の経済状況が悪く、児童生徒の学業に悪影響を与えていることが新聞で話題になっている。学級担任として「子供の貧困」対策として以下の方策を考えている。

【本論】①子供の生活態度や服装の様子などから、心身や生活状態を常にチェックする。②家庭訪問や連絡帳などを通して保護者や家庭の状況を把握する。③学校納入金等未納者に対して、スクールソーシャルワーカーや民生児童委員などの協力を得て適切な支援を行う。

【結論】家庭は児童生徒の生活基盤である。それが崩れ、乱れれば、児童生徒の学校生活に悪影響が出る。担任が早く気付き、家庭への支援体制を整備することが必要だと考えている。

## 新型コロナウイルスのストレスへの対応

**Q37** 新型コロナウイルス感染の予防のために学校生活が変化し、学校で落ち着かなかったり、ストレスを感じたりする子供が増えている。このような状況を解消するために、どのような指導を行うか。

「三つの柱」で解答の構成を考えてみよう！

【序論】

【本論】

【結論】

**advice**

新型コロナウイルス感染症予防対策のため、子供たちは学校生活が制約され、精神的にストレスを受け、不安を感じ、生活に落ち着きがなくなっている。学級担任は、個々の子供の心の変化に留意するとともに、感染対策に振り回されることなく、自主的、目的的な生活をさせることが最善の方法であることを述べたい。

**KEY WORD**

○感染防止　○蔓延防止　○遠隔授業　○面接
○健康観察　○連絡帳　○養護教諭　○心が解放
○生活実態把握　○共通理解　○優しく見守る
○成果のみえる学習　○スクールカウンセラー
○楽しくゆとりがある学校生活

**HINT ▶出典・参照**

□「小学校、中学校及び高等学校等における新学期に向けた新型コロナウイルス感染症対策の徹底等について（事務連絡）」（令和3年8月20日　文部科学省初等中等教育局健康教育・食育課）

構成・記述例

**A**

【序論】感染防止、蔓延防止、遠隔授業などで、子供たちに強いストレスがかかることが予想される。子供の心の実態を把握し、実態に応じた支援や解消へのきめ細かな対応が必要だと考える。

【本論】①観察、相談活動の充実　②保護者と連携した生活実態把握　③充実した成果の見える授業　④明るい学級づくり　などに取り組む。

【結論】全教職員が協力し、スクールカウンセラーなどの専門家の協力を得て、全ての子供たちをストレスから守りたい。それにはまず、教師自身が安定した心を持ち子供たちを優しく見守ることが大切だと考えている。

## 「新型コロナウイルス感染症」に関するこれまでの質問例

### 新型コロナウイルスの感染予防

**Q** 学校で新型コロナウイルスの感染を予防するためには、子供一人一人の感染予防対策が重要である。学級担任として、どのように指導を行うか。

**advice**

国や教育委員会による新型コロナウイルス感染症の予防対策を、子供たちが行えるように咀嚼することが担任の重要な役割である。また、予防対策を長期間続けることによる子供たちのストレスを軽減する配慮も必要なことを述べたい。

### 新型コロナウイルス感染者が出たときの対応

**Q** 学級の児童生徒の家族が新型コロナウイルスに感染したことが分かり、噂が広まり、不登校の児童生徒が出た。どのように対応するか。

**advice**

新型コロナウイルス感染症への恐怖感が社会全体に広がったとき、学校においても、根拠のない噂での差別やいじめが発生した。誰もが感染する可能性がある中で、互いに思いやり、助け合って、コロナ禍を乗り切ることの大切さを述べたい。

## いじめへの対応

## Q38 校内のいじめ調査で、あなたの担任する学級でいじめがあることが分かった。どのような対応を取るか述べよ。

**advice**

いじめに対する危機感を強く持ち､「いじめ調査」で明らかになったことに対して、他者と連携して、正確な実態把握、適切な指導、事後処理などを「いじめ防止対策推進法」に従って、確実に行うことを述べる。

**KEY WORD**

○重大な事態　○苦しんでいる児童生徒　○個人面談　○事実確認　○いじめの構造
○情報の提供　○保護者とともに　○保護者会　○学級通信　○いじめ対応に緊急性
○関係機関と協力　○「いじめは、どの子供にも、どの学級でも起こる」

**HINT ▶出典・参照**

□「「いじめ防止対策推進法」第8条において､「適切かつ迅速に対処する責務」を負っている
□「いじめ防止等のための基本的な方針」(文部科学大臣決定) 第1の6「いじめは、どの子供にも、どの学校でも、起こり得るものである」
□「学校における「いじめの防止」「早期発見」「いじめに対する措置」のポイント」(文部科学省)

模範解答

**A**

いじめにより、自殺など重大な事態に至ってしまう事故があとを絶たない。いじめの情報が確認された場合は、学級担任として、一刻も早く苦しんでいる児童生徒を救うため、以下の取組を行う。

①いじめ被害児童生徒を含めた学級全ての児童生徒の個人面談を行い、事実確認をする。
②部活動の担当者など当該児童生徒に関係した教職員の情報の提供を受ける。
③いじめの構造をはっきりさせ、いじめた者、いじめられた者、周りで見ていた者、それぞれに保護者とともに具体的な指導を行う。
④保護者会や学級通信等を通じて保護者のいじめに対する理解と協力を得る。
⑤被害児童生徒のいじめ対応に緊急性がある場合は、直ちに管理職指導の下、保護者と連絡を取り、関係機関と協力した対応を取る。
⑥学級指導を通じて、「ただの犯人探しではなく、クラスメイトが互いに思いやり協力して楽しく過ごせる学級にしよう」と呼び掛け、一人一人の心に届く指導を行う。

「いじめ調査」は、いじめの早期発見・早期対応のための重要な手立ての一つであり、その活用がいじめ撲滅の鍵だと考えます。学級担任として、「いじめは、どの子供にも、どの学級でも起こる」を肝に銘じ、いじめ撲滅に取り組みたい。

ここもおさえておきたい！！

## いじめの定義

平成25年6月に公布された「いじめ防止対策推進法」に示されたいじめの定義は以下のとおり。

児童等に対して、当該児童等が在籍する学校に在籍している等、当該児童等と一定の人的関係にある他の児童等が行う心理的又は物理的な影響を与える行為（インターネットを通じて行われるものを含む。）であって、当該行為の対象となった児童等が心身の苦痛を感じているものをいう。

## 授業中の事故防止のために注意すべきこと

**Q39** 授業中の事故防止は教師の責務である。授業を担当する者として、授業で注意すべきことについて述べよ。

**advice**

教師としての注意深さや子供の安全に対する責任感が伝わるように述べたい。

**KEY WORD**

○危険への理解が不十分　○事故事例を熟知して子供の動きを想定する
○日頃の学級経営　○学習ルールの徹底　○保護・監督義務　○法的な責任

**HINT ▶出典・参照**

- ☐ 学校保健安全法
- ☐「学校安全の推進に関する計画の策定について（答申）」(平成24年3月・中央教育審議会)
- ☐「学校における体育活動中の事故防止について（報告書）」(平成24年7月・体育活動中の事故防止に関する調査研究協力者会議)
- ☐ 授業中の事故（小学校理科編）(平成25年10月・日本スポーツ振興センター)
- ☐「学校の危機管理マニュアル作成の手引」

模範解答

**A**

子供たちは、危険への理解が不十分で、それを回避する力も身に付いていないので、教師が適切な指導を行わないと、重大な事故につながることがある。以下に主な注意点を述べる。

①なんの教科で、いつ、どのような状況で事故が起きたかなどの事故事例を熟知して、子供の動きを想定した授業計画を立てる。

②特に体育、理科など用具、教具、教材による事故を想定して、安全に留意した準備を行う。

③授業に入る前に、子供たちに用具や器具等の取り扱い上の注意点を確認する。

④授業中は安全な方法で行われているか監督し、配慮を要する子供や、興奮状態の子供に注意する。

⑤授業終了後は、子供の開放感からの気の緩みに注意し、使用した用具や教具、教材等を決められた安全な方法で片付けさせる。

授業中の事故は、学習ルールが徹底されない学級や、落ち着きのない学級で起こることが多いと聞いている。日頃の学級経営は、子供の事故防止の第一の方策だと考えている。

教師は子供が学校にいる間、子供に対して、保護者の代わりに保護・監督の義務がある。一度事故があれば、法的な責任を負うことは言うまでもないが、後遺症が残ったり、死亡したりした場合は取り返しがつかない。教師として、子供の安全確保については最大限の注意を払うべきだと考える。

ここもおさえておきたい!!

## 第3次学校安全の推進に関する計画

平成20年に学校保健安全法が成立し、国は平成24年度からの5年間を計画期間とする「学校安全の推進に関する計画」を策定。その後、平成29年度からの5年間を計画期間とする第2次計画が策定、推進されてきた。現在は、令和4年度からの5年間を計画期間とする第3次計画が策定され、本年3月に閣議決定される予定。

第2次計画では、児童生徒等の安全上の課題に対し、組織的な体制を整備し、学校教育全体を通じた取組を実施するとともに、その取組を評価・検証し、学校安全計画や危機管理マニュアル等の改善を図りながら、学校安全を推進することとしていた。しかし、計画やマニュアルが整備されても実効的な取組に結びつかないなどの問題があった。

本年3月に閣議決定予定の第3次計画は、取組がより実効的なものになることをめざす計画となっている。この計画にも目を通し、現在の課題等を把握しておきたい。

## コミュニケーション能力を高めるための４視点

**Q40** コミュニケーション能力をどのように捉えているか。また、学校教育においてコミュニケーション能力を育むために必要な４つの視点を述べよ。

**advice**

学習指導要領における言語活動との関連では、コミュニケーションに関する能力や感性を育んだり、情緒を養ったりすることも期待されている。「外国語を通じて、言語や文化について体験的に理解を深め、積極的にコミュニケーションを図ろうとする態度の育成」を掲げる（小学校外国語活動の目標）」を熟知すること。

**KEY WORD**
○相互関係を深め、共感しながら、人間関係やチームワークを形成する
○対話により情報を共有し、自ら深く考え相互に考えを伝え深め合う

**HINT ▶出典・参照**
- □ 学校教育法施行規則改正（外国語を通じて児童が積極的にコミュニケーションを図ろうとする態度の育成など）
- □ 小・中学校学習指導要領第２章第1節国語第１目標（2）
- □ 小学校学習指導要領第4章外国語活動第1目標
- □ 中学校学習指導要領第２章第９節外国語第１目標
- □「今、求められる力を高める総合的な学習の時間の展開」(平成22年11月)
- □ 平成22年度文部科学白書第2部第2章第3節外国語教育の充実
- □「子どものコミュニケーション能力を育むために」(平成23年8月29日・コミュニケーション教育推進会議経過報告)

模範解答

**A**

私は、「コミュニケーション能力」を次のように捉えている。いろいろな価値観や背景を持つ人々による集団において、相互関係を深め、共感しながら、人間関係やチームワークを形成すること。そして正解のない課題や経験したことのない問題について、対話により情報を共有し、自ら深く考え、相互に考えを伝え、深め合いつつ合意形成・課題解決する能力である。特に、文部科学省が平成 22 年度からコミュニケーション能力の育成を図るため、芸術家等を学校に派遣し、芸術表現活動を取り入れたワークショップ型の授業を展開する事業に注目している。

４つの視点は、次のとおり。

①自分とは異なる他者を認識し、理解すること。

②他者認識を通して自己の存在を見つめ、思考すること。

③集団を形成し、他者との協調、協働が図られる活動を行うこと。

④対話やディスカッション、身体表現等を活動に取り入れつつ、正解のない課題に取り組むこと。

こうした要素で構成された活動の場や機会を、意図的・計画的に設定する必要があると考えている。

**ここもおさえておきたい!!**

## コミュニケーション能力について

「幼稚園、小学校、中学校、高等学校及び特別支援学校の学習指導要領等の改善及び必要な方策等について（答申）」（平成 28 年 12 月）の 96 ページ欄外に以下のような記述がある。

コミュニケーション能力については様々な考え方があるが、文部科学省の有識者会議の報告（コミュニケーション教育推進会議審議経過報告「子どもたちのコミュニケーション能力を育むために」平成 23 年 8 月 29 日）においては「いろいろな価値観や背景をもつ人々による集団において、相互関係を深め、共感しながら、人間関係やチームワークを形成し、正解のない課題や経験したことのない問題について、対話をして情報を共有し、自ら深く考え、相互に考えを伝え、深め合いつつ、合意形成・課題解決する能力」と定義している。外国語ワーキンググループにおける議論においては、こうした定義も踏まえ、外国語教育における特質に配慮しながら、外国語によるコミュニケーション能力について、外国語やその背景にある文化に対する理解を深め、他者を尊重し、聞き手・読み手・話し手・書き手に配慮しながら、コミュニケーションを行う目的・場面・状況等に応じて、外国語で情報や考えなどを的確に理解したり適切に伝え合ったりすることができる能力として整理している。

## 読 書 指 導 に つ い て

# Q41 学級担任として読書指導をどのように行うか述べよ。

**advice**

文部科学省は学校図書の充実や、学校司書の配置などを通して、学校図書館を中心とした、児童生徒のより良い読書環境作りを推進するよう学校に求めている。一翼を担う学級担任はどうすべきかを述べる。

**KEY WORD**

○全校一斉の読書活動　○読み聞かせ　○言語環境の充実　国語力や考える力の向上
○年間指導計画　○学校生活の一部　○「朝読」　○読書習慣を育成
○「ビブリオバトル」　○学校図書館を積極的、計画的に活用
○読書を楽しみ、読書を生かし

**HINT ▶出典・参照**

□「子どもの読書活動の推進に関する法律」
□「第2　国語力を身に付けるための読書活動の在り方」(文部科学省ホームページ)

模範解答

**A**

文部科学省の平成26年度調査では、全校一斉の読書活動を行っている小学校は96.7%、中学校は88.3%。また、保護者等による読み聞かせを実践している学校も増えてきている。読書活動は言語環境の充実、国語力や考える力の向上の重要な手立てであり、児童生徒の心を豊かにする意義深い活動である。

私は、以下のような読書指導を考えている。

1　読書活動の年間指導計画への位置付け

学級経営や教科指導の年間計画に読書活動を明確に位置付け、児童生徒の読書活動が学校生活の一部として推進されるようにする。

2　児童生徒への読書への意欲付け

①発達段階に応じた「朝読」に取り組み、良い読書習慣を育成

②学級活動として「ビブリオバトル」など児童生徒の興味関心を高める読書活動の推進

③授業等で学校図書館を積極的、計画的に活用

3　保護者や図書館との連携

日常生活に読書が浸透するように、保護者や図書館と連携を図り、読書に親しむきっかけ作りや場の設定などの工夫を図る。

生涯にわたり読書を楽しむ人間を育てるために、学校教育は重要な役割を果たすものと考えられる。学級担任として、読書の価値を再確認し、児童生徒が読書を楽しみ、読書を生かし、知的に情操的に高まっていけるように、効果的な指導を行っていきたい。

**ここもおさえておきたい!!**

## 今後の読書活動の課題

「幼稚園、小学校、中学校、高等学校及び特別支援学校の学習指導要領等の改善及び必要な方策等について（答申）」（平成28年12月）に現在の読書活動の課題についてふれているところがある（以下参照）。

○ 子供たちの読書活動についても、量的には改善傾向にあるものの、受け身の読書体験にとどまっており、著者の考えや情報を読み解きながら自分の考えを形成していくという、能動的な読書になっていないとの指摘もある。教科書の文章を読み解けていないとの調査結果もあるところであり、文章で表された情報を的確に理解し、自分の考えの形成に生かしていけるようにすることは喫緊の課題である。特に、小学校低学年における学力差はその後の学力差に大きく影響すると言われる中で、語彙の量と質の違いが学力差に大きく影響しているとの指摘もあり、言語能力の育成は前回改訂に引き続き課題となっている。

## 授業参観の在り方

**Q 42** 今、開かれた学校の見直しの一つに授業参観の在り方がある。授業参観について、あなたの考えを具体的に述べよ。

**advice**

自らの授業を積極的に公開し、多くの人々の評価を受けることによって、授業の指導力を高めたいという強い意欲を述べたい。

**KEY WORD**

○保護者は自分の子供がどのような学校生活を送り、学習に取り組んでいるかを知りたがっている
○積極的に授業参観を行っていくことが大切
○積極的に授業の評価を受けるとともに、理解と協力を得る良い機会
○特別に用意したその場限りの授業では、授業参観の効果は期待できない
○感想箋を記入してもらうことや、話し合う時間を持つことが大切
○授業の力を伸ばし、参観してもらいたいと言えるような授業ができるように、常に研究努力をする

模範解答

**A**

保護者は、自分の子供が安全で安心して学習し、学力や人間性が高まることを期待して学校に通学させており、実際に自分の子供がどのような学校生活を送り、学習に取り組んでいるかを知りたがっている。知ることは保護者の当然の権利である。保護者は、学校が当然の義務を果たしているか、教職員の仕事ぶりはどうか、施設設備はどうかなどを知り、意見を述べる権利がある。授業参観は、保護者にとって自分の子供の様子や友達や学校の経営や環境を知るとても良い機会である。積極的に授業参観を行っていくことが、開かれた学校作りに大切だと考えている。

学級担任や教科指導者にとって、授業参観とは、保護者に積極的に授業の評価を受けるとともに、理解と協力を得る良い機会である。授業参観は、日常の授業や子供の様子が伝わるようにしなければならないと考える。特別に用意したその場限りの授業では、授業参観の効果は期待できない。

また、授業参観には、計画的に学級や子供の様子が伝わるように、時季への配慮や教科のバランスなどを考えることが大切である。

授業参観は保護者とともに子供の学習活動について検討し、吟味する機会にしたい。そのためには、感想箋を記入してもらうなどの工夫や、話し合う時間を持つことも大切だと考える。

教師は授業の力を伸ばし、参観してもらいたいと言えるような授業ができるように、常に研究努力をすることが大切である。

ここもおさえておきたい!!

## 学校評価の方法

地域に開かれた学校作り等を進めるためには、適切な学校評価も重要になる。「学校評価ガイドライン」（平成 20 年 1 月）には、学校評価の実施方法として次の３点が示されている。

①自己評価：各学校の教職員が行う評価。

②学校関係者評価：保護者、地域住民等により構成された評価委員会による評価。

③第３者評価：学校と直接に関係しない専門家等による評価。

※学校評価ガイドラインは、平成 28 年に改訂。義務教育学校、小中一貫型小学校、小中一貫型中学校が発足することを踏まえ、小中一貫教育を実施する学校評価の留意点がガイドラインに反映された。

## 「自分探しの旅を扶ける営み」

**Q43** 「教育は、子供たちの自分探しの旅を扶ける営み」と言われるが、どのようなことを心掛けて指導していきたいか、具体的に述べよ。

**advice**

学校においては、教科領域だけでなく全教育活動を通して、子供たちに自分の夢や目標を持たせたいと指導している。教師の影響力の強さを述べたい。

**KEY WORD**

○子供たちの探究心を刺激し、学ぼうとする意欲を育てる
○子供たちの持っている漠然とした夢や憧れを、具体的で身近な努力目標に
○自己の課題を設定する力
○自ら考え、課題を追求する力
○内省し自己を評価する力
○子供たちに、将来の夢を育てる多様な機会を与え、特性や能力に気付かせ、努力することを支援していく

**HINT ▶出典・参照**

□「大阪教育大学教育学部附属平野中学校の実践事例」
□「千葉県におけるキャリア教育の推進」(千葉県教育委員会ホームページ)

模範解答

**A**

教育は、教え込んだり、強制的に鍛えたりすることだけでは、決してその目的を達成することはできない。子供たちの探究心を刺激し、学ぼうとする意欲を育てることが大切である。そのためにも、自分は何をやりたいのか、何のために学ぶのか、自分とはどのような特性を持っているのか、はっきり自覚し、目標設定ができるように教師や大人がそれぞれに応じて支援し励ますことが重要であると考える。

「自分探しの旅」にとって、まず大切なことは、子供たちの持っている漠然とした夢や憧れを、具体的で身近な努力目標にすることである。そのためには、子供に「自己の課題を設定する力」を育成することが必要となる。

次に、「自ら考え、課題を追求する力」を育てることが必要となる。課題達成のために何をやれば良いのか、どのように努力すれば良いのか等を自分で考え、追求していく力を育てたい。

三つ目として、「内省し自己を評価する力」が必要で、ただやみくもに努力するだけでなく、ときどき立ち止まり、自分の現在の状況や過去について、どうであったか評価をすることも大切である。

教師は、多感で、大きな夢を持ち、明日の自分の成長を信じている子供たちにとって、指導者として先輩として人間として、とても大きな影響を与える存在となる。教師の仕事とは、子供たちに、将来の夢を育てる多様な機会を与え、子供の特性や能力について気付かせ、努力することを支援していくことだと考えている。

効果的な表現を使いこなそう

## 和顔愛語

教師のひと言が子供の将来を変えることがある。ほとんどの子供が教師から好かれたいと考え、教師の表情を注視し、その言葉に一喜一憂する。それゆえ、和やかな顔で愛情のある言葉をかけることが教師の務めであるし、自然にそうなっていなければならないと考える。「和顔愛語」という言葉を子供と接するときの心構えとしている。

※この文例のように、子供との接し方に関わることわざや名言を解答の中に盛り込んでも良い。

## 学級経営の在り方

### Q44 学級経営は、教員として最も中核的な職務である。あなたの学級経営に対する考え方と具体的方策を述べよ。

**KEY WORD**

○学習指導や生徒指導の基盤　○仲間意識　○競争と協力　○人間性や人格を尊重
○意欲的な集団　○規範意識のある学級風土　○教師の励ます言葉や思いやりの態度
○子供が学級作りの主体者　○学級作りは教師のやりがい

**HINT ▶出典・参照**

□「生徒指導提要」(平成22年3月)
□ 小・中学校学習指導要領第6章（中学校：第5章）特別活動第2（学級活動）
□「楽しく豊かな学級・学校生活をつくる特別活動（小学校編)」(教員向け指導資料)
□「学級・学校文化を創る特別活動（中学校編)」(教員向けリーフレット)(国立教育政策研究所教育課程研究センター)
□ 各地域の教育委員会が発行している学級経営関係のマニュアル等

模範解答

**A**

学級経営は学習指導や生徒指導の基盤となるもので、いじめや不登校など学校の抱える様々な課題を解決するために重要な役割を果たしている。以下に具体的方策について述べる。

1．共通の目標、意識を持たせる

学級の成員の心が一つにまとまり、強い仲間意識を持たせることが学級経営の基本である。教師が、ときには強い牽引役として目標を示し、あるときは児童生徒の相談者、支援者として、学級集団をまとめ、目標に向かわせる指導を行う。特別活動の時間は重要な役割を果たす。

2．規範意識のある学級風土作り

集団生活において構成員が気持ち良く生活や学習ができるためには、互いの人間性や人格を尊重することが大切で、そのためには全ての児童生徒が規範を主体的に守ることが必要である。教師がルール違反を許さない姿勢と、児童生徒が進んで規範を守る精神を育てることに、学習指導や生活指導等のあらゆる場で日々心を配る。

3．競争と協力のある意欲的な集団作り

学級は静かにおさまっていれば良いというものではない。一人一人の個性が発揮され、ライバルと競い合う意欲が学級に満ちあふれていなければならない。加えて、遅れた者や疲れた者を互いに思いやり助け合う協力的な思いやりのある集団でなければならない。授業だけでなく学級の行事等も工夫したい。教師の励ます言葉や思いやりの態度の一つ一つが学級経営の根幹だと考える。

学級経営を成功させるためには、教師の人間性や指導性、それに加え子供が学級作りの主体となることが大切である。理想の学級作りは、教師のやりがいであり誇りだと考えている。

**advice**

学級経営は、児童生徒の心を育て、一つにまとめる活動といえる。学級経営の基本を押さえつつも、理論だけでなく教師としての姿勢や思いやりが伝わる指導の大切さを訴えたい。

## 「厳しい指導」について

# Q 45 児童生徒に対する「厳しい指導」について、あなたの考えを述べよ。

**advice**

「あなたの考えを述べよ」という質問の場合、自分の経験なども適切に入れることで、受験者の「人となり」が伝わりやすく効果的である。本質問では、教員の体罰事件の影響で「厳しい指導は不適切」という極端な考えを持つ教員がいること、反対に、体罰又は体罰に近い指導をいまだ行っている教員がいることなどを踏まえ、受験者の教員のとしての指導の考え方について知りたいのである。

**KEY WORD**

○充実感や満足感　○人格形成　○個人差　○平等感　○精神面での状態
○保護者から預かっている　○子供への愛情や期待

**HINT ▶出典・参照**

□ 学校教育法第11条　生徒指導提要（平成22年3月 文部科学省）
□ 運動部活動の在り方に関する総合的なガイドライン（平成30年3月　スポーツ庁）
□ 運動部活動での指導のガイドライン（平成25年5月　文部科学省）

模範解答

**A**

勉強やスポーツ、習い事などは、やりたい事だけやる、やりたいときだけやる、つらくなったらやめるのでは、能力の向上は見られないし、充実感や満足感も得られることはないと考える。教員は子供たちの人格形成や能力向上のために、子供に怠け心が出たときには、厳しい指導も必要だと考える。以下に私の考えについて述べる。

１．鍛えなければ人は育たない

私は、中学校の部活で厳しい指導を受けた。その部活指導の先生は、時々「練習中に、つらいか、休むか」と部員に聞いた。私は悔しくて、「いいえ、やります」と答えていた。他の部員も皆同じであった。先生のひと言がなければやめていたかも知れない。

ほとんどの子供が、つらさにくじけるときもあると思う。それが怠け心であれば、必要に応じて厳しい指導も必要だと考える。怠け心に負けないで、強く生きる人に育って欲しいと願う教師でありたい。競技の勝ち負けではなく、個々のタフな人格形成のための厳しさが、教師の思いやりだと考える。

２．個々の児童生徒の理解

つらさなどに耐える力には個人差がある。体力に応じた運動の負荷や学力に応じた課題が必要なことは言うまでもないが、メンタルな強さにも違いがある。全ての子供たちに一律に負荷を掛けることには無理がある。子供の平等感に配慮しながら、個々のメンタルの状態を観察し、会話、交換ノートなどを通して十分把握して負荷を掛けることが不可欠である。

ときには、勉強や練習の在り方や教師の指導について、子供たちから意見を求めることも必要ではないかと考えている。

３．保護者や他の教員との共通理解と協力

教師の独りよがりの指導には注意が必要である。保護者の考えをしっかり受け止め、先輩の指導や同僚の意見を積極的に取り入れなければならない。子供は保護者から預かっている、学校教育は学校全体の教職員が協力して行っていることを忘れないようにしたい。

無理な負荷や罰では子供は育たない。体罰などはもってのほかである。科学的・理論的な指導、認め励まし褒める指導、個の能力やメンタルに応じた親身な指導が、子供の学力形成、運動能力向上、社会性形成、人格形成に効果的である。厳しい指導の基本は、教師の子供への愛情や期待に根ざしていなければならないと考える。

## 学級担任のリーダーシップ

**Q46** 学級担任には、学級集団をまとめ、より価値の高い目標に向かわせるリーダーシップが必要である。あなたが考える学級担任のリーダーシップとは、どのようなものか述べよ。

**advice**

学習指導、生徒指導、学級経営を行う能力は教師にとって必須である。論文は論文テーマに対しての受験者の知識や理論、考え方を示す場である。指導マニュアル等の丸写しの論文では説得力がなく、現場で発揮できるのかと疑われる。今まで学んできた知識等を自分の言葉で表現してもらいたい。

担任のリーダーシップは、学級全体を動かす能力だけでなく、様々な活動を通して一人一人の人格形成を目指していることを忘れずに述べたい。

**KEY WORD**

○生活習慣や考え方などの違う子供　○力の強い子供の意見
○適切な方向性を子供たちに明確に示す
○子供たちの活動を常に見守り目標を簡潔に短い言葉で示す　○一致団結
○互いに競争　○活動全体を俯瞰　○全体や個別に評価や支援・指導
○仲間の誰一人取り残さず、尊敬し合い思いやる心を育てる
○幅広い人間的な成長　○全ての子供の人格形成

**HINT ▶出典・参照**

□「生徒指導提要」第4節集団指導・個別指導の方法原理（文部科学省平成30年4月20日改訂）
□「小学校（中学校）学習指導要領」第1章総則　第4児童（生徒）の発達の支援

模範解答

**A**

学級には、生活習慣や考え方などの違う子供たちが集まっている。そのため、学級担任には、学級集団をまとめ、好ましい方向に導くリーダーシップが必要になる。以下に私のリーダーシップについての考え方を述べる。

1．方向性を示す力　学級の生活などのルール決めや、行事等の計画や運営について、子供たちに十分に話し合いをさせることが大切である。自分のやりたいことだけに執着する子供もいれば、自分の意見を持たず周りの意見に左右される子供もいる。また、力の強い子供の意見だけが通ってしまう場合などがある。教師のリーダーシップは、子供たちの期待や欲求を十分にくみ取り、学校教育目標や学級目標の達成に向けた適切な方向性を子供たちに明確に示し、そこへ導いていくことだと考える。

2．集団を動かす力　方向性を示しても、子供たちの活動が意欲的・継続的に進められなければ成果は期待できない。子供たちを励まし、あるいは修正し、ときには強い指導を行うことが必要である。集団を動かす力として、主に以下の３点を考えている。

①目標を短い言葉で示す　目標達成には、学級の全員が自分たちの活動の方向を理解し、具体的に取り組むための合い言葉が必要だと考える。子供たちの考えをまとめ、意欲を持って取り組める目標を簡潔に短い言葉で示すことは、子供たちの意欲を高め活動の効果を高めることになる。

②目標に向かって一致団結させる　子供たちの意欲や能力、計画や方法論などには違いがある。「小異を捨てて大同につく」という考え方を基盤に、目標に向かって一致団結し、目標を達成しようとする気持ちを醸成し持続させることが担任の仕事である。

③実行過程の成果や課題を明確に示す　計画を立て実行していく過程では、様々なトラブルが発生し、計画の修正や変更などが必要になる。担任は活動全体を俯瞰し、一人一人の相談に乗りながら、全体や個別に評価や支援・指導を行うことが必要である。

3．一人一人を大切にする心　集団活動では、取り残される子供、意見の違いによる軋轢、いじめなどが発生することがある。目標の達成意欲が高い子供は、意欲や能力の低い子供などに対して批判的、排除的になることがある。そのようなときには、仲間の誰一人取り残さず協力して目標を達成することに価値があることを指導しなければならない。そして、活動目標を達成する過程において、話し合い、協力し、助け合うことなどを通して、互いが尊敬し合い思いやる心を育てなければならない。

集団活動の目指すものは、行事等が成功したり、競技会、発表会等で良い成績を上げたりすることではない。また、何のトラブルもなく過ぎることが良いことでもない。子供たちが友達間のトラブルや、失敗した悔しさ、仲間と努力した結果の達成感などを共有することによって、幅広い人間的な成長を期待するものである。

担任のリーダーシップとは、子供たちを意欲的、効果的に動かすとともに、思いやりを持って支援・指導することを通して、子供たちの人格形成を行うことだと考えている。

## 専門家や関係機関との連携

## Q47 学校教育推進に当たり、心理や福祉などの専門家や関係機関等との連携・協働について、担任としてのあなたの考えを述べよ。

「三つの柱」で解答の構成を考えてみよう！

【序論】

【本論】

【結論】

**advice**

「チーム学校」は学校と外部の専門家が連携・協働して学校教育を活性化、高機能化していこうとする考え方である。担任として専門家等に一方的に援助や協力を求めるような述べ方は避けたい。

**HINT ▶出典・参照**

□「新しい時代の教育や地方創生の実現に向けた学校と地域の連携・協働の在り方と今後の推進方策について（答申）」(平成27年12月中央教育審議会)

□「チームとしての学校の在り方と今後の改善方策について（答申）」(平成27年12月中央教育審議会)

構成・記述例 A

【序論】 平成 27 年 12 月の審議会答申で、「チーム学校」という考え方が示された。学校教育の抱える課題は多種多様であり、学校だけで解決することが困難になっている。各方面の専門家や関係機関と連携・協働して課題を解決していく必要に迫られており、担任はそのチームの一員として、専門家等と連携して自己の役割を果たしていくことが求められる。以下、私の考えを述べる。 【本論】①「チーム学校」を推進する学校組織の中での学級の役割を把握する。 ②学級目標や指導計画の中に、専門家等との連携・協働を位置付ける。 ③積極的に教職員と情報交換し校内の連携・協働に努める。 ④連携・協働の計画や経過、結果を保護者等に広報し理解を得る。 【結論】「チーム学校」の体制を整備することによって、教員一人一人の専門性を十分に発揮でき、子供の教育活動を充実させることが期待できる。担任は、教育課程の展開や生徒指導などで連携・協働に努めることが必要だと考えている。

## 社会に開かれた教育課程

# Q48 「社会に開かれた教育課程」について、あなたは具体的にどのように捉えているか述べよ。

「三つの柱」で解答の構成を考えてみよう！

【序論】

【本論】

【結論】

**advice**

学校が保護者や地域、社会全体の学校教育への期待を把握し、広く保護者や地域に協力を求め、学校が地域の力となることが重要である。そのために、子供を育てる目的や目標を共有することが大切で、その重要性に鑑み、「社会に開かれた教育課程」という文言が出てきたことを踏まえなくてはならない。

**KEY WORD**

○学習指導要領の趣旨　○授業改善努力　○保護者や地域と目標を共通理解　○教育課程集会　○子供たちに必要な資質・能力を明確にした教育　○教育活動を学校外に開き

**HINT ▶出典・参照**

□「幼稚園、小学校、中学校、高等学校及び特別支援学校の学習指導要領等の改善及び必要な方策等について（答申）」(平成28年12月21日)

構成・記述例 **A**

【序論】　学習指導要領の趣旨が生かされ、その成果を上げるために、「社会に開かれた教育課程」の実施が不可欠だと考える。そのためには、直接子供たちと接し指導する教員の教育課程への認識と、授業改善努力が必要である。私は以下のように捉え、方策を考えている。

【本論】　1．保護者や地域と目標を共通理解した教育の実施　教育課程集会や保護者会、地域説明会を通じ、教育目標・内容・方法について共有する。　2．これからの子供たちに必要な資質・能力を明確にした教育の実施　授業などの教育活動で、子供たちに育てたい能力等を具体的に保護者や地域に示す。　3．教育活動を学校外に開き、地域の人的・物的資源を生かし、教育の協働を推進する。

【結論】　学校教育を学校や教師だけで行うのではなく、保護者や地域や関係団体と目的や目標を共有して広く意見を求め連携・協働して教育活動を進めていくことが重要だと考えている。

## 教員の組織的な取組の重要性

**Q49** 学校においては、全教職員が組織的に教育活動に取り組むことが重要である。教員として取り組むべき課題は何か述べよ。

**advice**

教育が教員個々の力量にたより、連携や協力する力が弱いという社会の批判に応え、学校の組織・体制を作り直そうという考え方である。学校の構成員としての心構えや仕事の在り方などの課題について具体的に述べたい。

**KEY WORD**

○協力的、組織的　○「チーム学校」　○役割を明確　○自己の具体的な作業目標
○職能　○人間関係の構築　○教育情報の共有化　○私的な人間関係の重視
○チームプレイ

**HINT ▶出典・参照**

□「学校の組織運営の在り方について（中央教育審議会作業部会のまとめ）」<要旨>
「（2）学校の組織体制の再編整備」（文部科学省ホームページ）

模範解答 A

学校教育は協力的、組織的に取り組むことが十分でないと言われている。文部科学省では「チーム学校」という考えを推進して学校外の人材との協力を求めている。校内連携について、私が考えている課題について述べる。

①役割を明確にした目標設定

学校教育目標や方向性について、自分の校務分掌の役割を理解し、自己の具体的な作業目標を設定する。

②役割に応じた職能を高める

自分の果たすべき役割を先輩などから指導を受け、必要な職能を高めるために積極的に研修を行う。

③職場の人間関係の構築と情報共有

日々の教育活動を通じて、積極的に人間関係を構築し、他の教職員と児童生徒等の情報交換を行い、教育情報の共有化を図る。

④私的な人間関係の重視

仕事以外のコミュニケーションを大切にし、悩みを相談し合い、支え合う人間関係を構築する。

企業などでは、個人の能力の高さだけでなくチームプレイのできる人材を求めていると聞いている。私は、自分に何ができるか、何をやらなければならないかを常に考え、「チーム学校」の重要なメンバーになれる教員を目指したい。

効果的な表現を使いこなそう

## チーム学校

いじめや不登校などの学校の抱える教育課題は教職員だけでは解決が難しいと言われている。専門的な知識や技術を持ったスクールカウンセラーやスクールソーシャルワーカーなどの教職員以外の外部人材と連携し、「チーム学校」として組織的な教育活動を行うことが重要である。

※中央教育審議会が平成27年12月21日にとりまとめた「チームとしての学校の在り方と今後の改善方策について（答申）」において、次のような文がある。

近年、グローバル化や情報化が急速に進展し、社会が大きく変化し続ける中で、複雑化・困難化した課題に的確に対応するため、多くの組織では、組織外の人材や資源を活用しつつ、組織の力を高める取組が進んでいる。

こうした中で、学校においても、子供を取り巻く状況の変化や複雑化・困難化した課題に向き合うため、教職員に加え、多様な背景を有する人材が各々の専門性に応じて、学校運営に参画することにより、学校の教育力・組織力を、より効果的に高めていくことがこれからの時代には不可欠である。

## 教員の働き方改革

## Q50 中央教育審議会から「学校における働き方改革」の答申が出された。教員としての働き方について、あなたの考えを述べよ。

**advice**

本答申では、各教育委員会や学校に「学校の働き方改革」をすることを求めている。それを踏まえ、教員として行うべき業務について、いかに効率的・効果的に行うか、その方法や心構えについて自分なりの考えを述べたい。

**KEY WORD**

○長時間勤務　○負担軽減　○勤務のルール　○仕事の状態の把握　○効率的・効果的な授業　○教科等横断的　○学級経営計画の作成と実施　○連携・協力して効果を発揮　○外部関係者　○バランスの良い教員生活　○時間や精神的な余裕　○働き方の評価　○チーム学校

**HINT ▶出典・参照**

□ 新しい時代の教育に向けた持続可能な学校指導・運営体制の構築のための学校における働き方改革に関する総合的な方策について（答申）（平成31年1月25日、中央教育審議会）

模範解答

**A**

1．はじめに

国の調査で教員の長時間勤務が課題になっている。本答申では、教員の仕事を、学校以外で担うべき仕事、必ずしも教員が担う必要のない仕事、教員の業務だが、負担軽減が可能な業務に分けて、それらを精査して長時間勤務の改善を進めることを求めている。

各教員は、学習指導に関する業務、学級経営や生徒指導に関する業務、部活動など、基本的に教員が行うべき業務について、計画的・効率的・効果的な実施・処理・連携等について検討し改善する必要がある。以下に私の考えを述べる。

2．具体的な対策

（1）学校の勤務規則について理解する　学校の勤務時間や勤務規則は都道府県等の条例や規則、勤務する市町村等の規則に従って定められている。それらを理解し遵守することが第一である。

（2）自分の仕事の状態の把握　自ら行っている１年間の業務や１日の業務を洗い出し、軽重や時間配分等の実態をつかみ、無理や無駄などの課題を洗い出す。

（3）授業計画の作成と実施　効率的・効果的な授業のためには、指導内容の軽重によって重点化して授業時間の配分を工夫する。また、内容的に関連性のある教科等を併せて授業したり、複数の教科を同時期に授業したりする教科等横断的な授業の工夫を行うことにより学習効果も上がり、授業時間の効率化にもつながる。このような効果を期待した年間指導計画を作成する。

（4）学級経営計画の作成と実施　学校行事や学級の催し物、授業参観や保護者会、教育相談、地域活動への参加など様々な教育活動の準備や練習時間を工夫して、計画的、効率的に行う。

（5）連携・協力して効果を発揮　子供たちを取り巻く環境は、複雑で多様化している。保護者、地域や関係者の協力なしに学校だけでは成果を出す教育を行うことはできない。教員が子供たちや教育の様子を外部関係者に積極的に提供し協力を求めていく必要がある。そのためには、日頃からの人間関係を構築しておくことによって最小の時間で最大限の成果が得られる。

（6）心身の健康に配慮したバランスの良い教員生活　全ての時間を教員の業務に費やすことなく、自分の家庭生活や趣味、ボランティアなどに積極的に参加し多様な人間関係を持つことで、自身の人格的成長につながり、教師としての人間性や力量の向上につながると信じている。心身共に健康であり、生活や業務に時間や精神的な余裕があることが、子供への指導の絶対条件だと考える。

（7）働き方の評価　教育活動の記録や子供の評価、教員同士の評価、管理職の評価、保護者の評価等をもとに１年間の教員としての働き方について評価を行う。評価結果や次年度への取組については、先輩や管理職、指導主事などの指導を仰ぐことも必要だと考える。

3．まとめ

１年間の自分の仕事を効率的・効果的に行うことは教員の責務であり、工夫改善は常に行っていかなければならない。それとともに、他の教職員、専門家や関係機関に協力を求めることによって業務を効率的・効果的に行うことが可能になる。チーム学校という考え方が学校の働き方改革に必要だと考える。チームの有力な一員となれるよう、私自身が指導技術や事務処理能力、コミュニケーション能力等を高めたい。

## GIGAスクール構想の内容とねらい

**Q51** GIGAスクール構想とはどのような構想か。また、この構想ではどのような教育効果をねらっているか述べよ。

「三つの柱」で解答の構成を考えてみよう！

【序論】

【本論】

【結論】

**advice**

GIGAスクール構想が出された理由は、日本の学校のICT環境が脆弱で、ICT利活用は遅れていることなどに国が危機感を感じたからである。

ここでは、示された利活用の方法について工夫を加え、授業改善することを述べる。

**KEY WORD**

○高速大容量のネットワーク環境　○義務教育段階
○一人1台端末　○ICTを利活用　○交流や協働学習
○コンピュータ・リテラシーの育成
○遠隔教育への活用　○個別最適な学び

**HINT ▶出典・参照**

□「GIGAスクール構想の実現へ」文部科学省（リーフレット）【GIGAスクール構想】の目標

構成・記述例

**A**

【序論】GIGAスクール構想とは、高速大容量のネットワーク環境と、義務教育段階の全ての子供たちに対する一人1台端末を整備し、ICTを利活用して教育の質を高めようとするものである。

【本論】1コンピュータ・リテラシーの育成、2学習（指導）支援ツールとしての利活用、3ネットワークを活用した学習の創造　などを目指すものである。

【結論】GIGAスクール構想の趣旨を理解し、自らのICT活用の能力を高め、効果的な学習支援の技術を学び、教育活動に積極的に活用して、個別最適な学びを児童生徒に提供し、その能力を最大限引き出したい。

## 環境教育の重要性

## Q52 今日、環境教育の重要性が問われている。そこで、「①環境教育のねらい」「②環境教育の進め方」の２点について、あなたの考えを述べよ。

「三つの柱」で解答の構成を考えてみよう！

【序論】

【本論】

【結論】

**KEY WORD**

- ○学習指導要領の中に位置付け
- ○基礎的な知識や環境を守る実践意欲、態度
- ○地球的規模の環境破壊の理解
- ○環境保護の大切さの理解
- ○身近な環境破壊
- ○進んで守る行動意欲
- ○日常的に取り組む
- ○実践の確認を児童とともに行う評価

**HINT ▶出典・参照**

- □ 教育基本法第2条4
- □ 学校教育法第21条2
- □ 小・中学校学習指導要領第5章（中学校：第4章）総合的な学習の時間
- □「環境教育に活用できる学校づくり実践事例集」（平成23年9月）

構成·記述例 **A**

【序論】 環境教育は、学習指導要領の中にも位置付けられている。地球の将来を考えた場合、義務教育段階でその基礎的な知識や環境を守る実践意欲、態度を身に付けておく必要があると考える。以下各問いについて述べる。

【本論】 ①環境教育のねらいは、地球的規模の環境破壊の理解、環境保護の大切さの理解、環境を守る意欲や実践的態度の育成。　②環境教育の進め方は、地球的規模の環境破壊から身近な環境破壊までを意識化し、進んで守る行動意欲を高め、日常的に取り組むことを指導すること。

【結論】 学校で学んだことが、児童生徒の日頃の生活の中で実践されなければ環境教育の意味がない。実践の確認を児童とともに行う評価が成否を握ると考える。教師の役割は大きい。

## 紛争、平和についての指導

**Q53** ロシアのウクライナ侵攻は、近隣諸国だけでなく、世界中に様々な影響を与えています。子供たちに、世界中で起こる紛争、平和について、どのように指導するか述べなさい。

「三つの柱」で解答の構成を考えてみよう！

【序論】

【本論】

【結論】

**advice**

子供たちの国際平和を維持し守ろうとする意欲を育てることは、教育基本法等に示されているように、学校教育の果たすべき役割である。子供には、紛争等を一面的に捉えることなく、地理的、歴史的、宗教的、民族的など多面的に考える能力を身に付けさせることである。教育基本法等を逸脱した回答は避けなければならない。

**HINT ▶出典・参照**

□教育基本法第1条（教育の目的）(…平和で民主的な国家及び社会の形成者…)
□学校教育法第21条（義務教育の目標）の３（…国際社会の平和と発展に寄与する…）
□学習指導要領　小学校社会「6学年」　中学校社会「公民的分野」

構成・記述例

**A**

【序論】 義務教育では、日本国民として平和な世界を維持するための考え方を、教育基本法や学校教育法、学習指導要領（小６社会、中公民）などに従い指導する必要がある。以下に指導について述べる。 【本論】 ①ロシアのウクライナ侵攻の経緯と現状について報道資料等から読み解く。②世界で起こった戦争の原因と結果等について読み解き整理する。③紛争や戦争の原因と、自分たちの考える解決策をまとめ、協議する。④偏った考えや、同調した考えなどについて、教師が揺さぶりをかけ、新たな課題を出させる。 【結論】 戦争や紛争には、表面的な理由だけではなく、本質的な理由や、多面的な理由がある。子供たちに表面的な善悪を教えるのではなく、様々な情報を、深く多面的に考え、本質を見抜き、紛争や戦争を避け、平和的に解決する考え方と意欲を育てることが大切である。

## 成年年齢の引き下げ

### Q54 成年年齢が２０歳から１８歳に引き下げられました。義務教育段階の子供たちに何を指導するか述べなさい。

「三つの柱」で解答の構成を考えてみよう！

【序論】

【本論】

【結論】

**advice**

２年早く成年（成人）になることで、成年教育が短い期間で確実に行われなければならない。大学生活や社会人生活を経て学ぶ成年となる準備経験が不足するため、それを踏まえ、義務教育では、より計画的に、発達段階に応じた成年教育が必要である。

**HINT ▶出典・参照**

□民法第4条（年齢18歳で成年）(単独で契約を締結できる)(親権に服しない）等
□公職選挙法第9条１、２

構成・記述例 **A**

【序論】 学校教育は、社会の中で、法律を守り、人々と協調・協力して生活できる成年になるための基礎・基本を指導することが目標である。成年になる年齢が 18 歳に引き下げられることは、義務教育で成年になるための指導の時期や指導内容も異なってくる。指導について以下に述べる。

【本論】 ①「権利と責任」につて、道徳科を中心に、自分なりの考えを持てるようにする。②特別活動や学校生活の具体的場面を通して権利を理解し責任を持つ実践力をつける。③成年としての、道徳的、法律的な権利と責任について、考えさせる。④危険情報、有害情報の取り扱い方、契約や購入などの経済活動の危険性について具体的事例を基に理解させる。

【結論】 「権利と責任」の基礎的な理解や態度を身に付けることが、成年年齢 18 歳への課題である。基礎的な態度を身に付け、様々な危険を自ら判断し回避し、健全な社会生活をトラブルなく送ることができる成年を育てる。

## 教員に求められる資質能力の３点

**Q 55** 平成 24 年「教職生活の全体を通じた教員の資質能力の総合的な向上方策について（答申）」（中央教育審議会）が示された。教員に求められる資質能力の３点を記し、あなたの考えを述べよ。

**advice**

この答申の「I．現状と課題」には、現在の学校教育と教員に求められる姿が要約して示されている。論文や面接に役に立つので熟読し、その上で、自分が求められている教員そのものであることを述べたい。

**KEY WORD**

○変化を敏感に感じ取り対応する
○どうしたら子供のためになるかを常に求め、自ら学ぶ
○最新の情報をつかみ、質の高い指導を行う
○人間性を磨きコミュニケーション能力など総合的な力を高める
○経験を教員として生かす

**HINT ▶出典・参照**

□「教職生活の全体を通じた教員の資質能力の総合的な向上方策について（答申）」（平成24年8月・中央教育審議会答申）

模範解答

**A**

教員に求められる資質能力の３点は、（ｉ）教職に対する責任感、探究力、教職生活全体を通じて自主的に学び続ける力、（ⅱ）専門職としての高度な知識・技能、（ⅲ）総合的な人間力である。

１点目については、教員に限らず、変化の激しい社会では、その変化を敏感に感じ取り、対応していかなければならない。教員は、どうしたら子供のためになるかを常に求め、自ら学び、子供がより良く育つために全力で仕事をすることが欠かせない。それをしようとしない、できない人は、教員になるべきでないと考える。

２点目では、教員の中心となる仕事は学習指導である。指導法について最新の情報をつかみ、工夫し、より質の高い指導を行わなければならない。ＩＣＴ等の学習機器を効果的に使うことも重要である。子供に学ぶ楽しさや意欲が育つように常に研鑽を積みたいと考えている。

３点目は力を合わせること。複雑化、多様化した教育課題を抱える学校では、課題解決のために全ての教職員が機能的に力を合わせることが大切になる。そのためには、教員の一人一人が、人間性を磨き、コミュニケーション能力等、総合的な力を高めていかなければならない。私は、大学でサークルのリーダーとして、活動計画の企画、部員の人間関係の調整、他大学や他団体との調整をし、仲間をまとめてきた。その経験を教員になっても、生かしていきたい。

ここもおさえておきたい！！

## 教員に求められる資質能力とは？

平成 20 年 12 月に文部科学省が刊行した「魅力ある教員を求めて」には、いつの時代にも求められる教員の資質能力として、以下が示されている。
①教育者としての使命感、②人間の成長・発達についての深い理解、③幼児・児童・生徒に対する教育的愛情、④教科等に関する専門的知識、⑤広く豊かな教養　及び、これらに基づく実践的指導力。

また、現在（令和４年２月時点）、中央教育審議会「令和の日本型学校教育」を担う教師の在り方特別部会で、教員養成や教員研修の在り方等について検討しているが、そこにおいて、教師の理想的な姿として、「学校教育を取り巻く変化を前向きに受け止め、教職生涯を通じて学び続け、子供一人一人の学びを最大限に引き出し、主体的な学びを支援する伴走者としての役割を果たす」姿が示されている。

## 「いじめの問題への対応強化」の４つのアクションプラン

**Q56** 平成24年９月、文部科学省から「子どもの『命』を守るために」の方針として「いじめの問題への対応強化」の４つのアクションプランが示された。その４点を記し、あなたの考えを述べよ。

**KEY WORD**

○いじめの根絶　○子供を預かる教員として　○いじめを必ずなくすという強い気持ち
○全ての大人が連携　○思いやりのある学級　○一人で抱えない
○担任がしっかりしていれば、ほとんどのいじめは小さいうちに解決できる

**HINT ▶出典・参照**

□ 平成23年度「児童生徒の問題行動等、生徒指導上の諸問題に関する調査」結果について（文部科学省初等中等教育局児童生徒課）
□「いじめ、学校安全等に関する総合的な取組方針～子どもの『命』を守るために～」（平成24年9月）
□「いじめに正面から向き合う「考え、議論する道徳」への転換に向けて（文部科学大臣メッセージ）」（平成28年11月18日）

**advice**

心を痛めており、いじめを根絶するという強い姿勢を示したい。

模範解答

**A**

４つのアクションプランは、「①学校・家庭・地域が一丸となって子供の生命を守る。②学校・教育委員会等との連携を強化する。③いじめの早期発見と適切な対応を促進する。④学校と関係機関の連携を促進する。」である。

学校ではいじめの根絶ができず、いじめを理由とする自殺が各地で起こっている。自殺に至ってしまった子供はいうまでもなく、現在いじめに苦しんでいる子供の心の痛みや、家族の苦しみ、友達がいじめられるのを見ている子供たちのやりきれない気持ちを考えると心が痛む。子供を預かる教員として、いじめを必ずなくすという強い気持ちと行動力が必要だと考える。

このアクションプランではいじめに対して、より具体的な方法で、学校、保護者、地域、関係機関などの全ての大人が連携して取り組むことを強く求めている。

ある研修会で講師の方が、「担任がしっかりしていれば、ほとんどのいじめは小さいうちに解決できる」と話されていたが、教員が一人一人の子供と真摯に向き合い、意欲的で思いやりのある学級を作ることが、いじめ根絶の基盤であると考える。

社会や家庭の環境悪化により、生徒指導や学級経営は難しくなっている。もし、いじめの芽を発見した場合、一人で抱えるのではなく、多くの先輩や上司の指導を受け、確実な対応をしていきたい。

ここもおさえておきたい!!

## 「特別の教科 道徳」の充実が、いじめ防止に向けて重要

「いじめに正面から向き合う「考え、議論する道徳」への転換に向けて（文部科学大臣メッセージ）」（平成 28 年 11 月 18 日）が発信され、「特別の教科 道徳」の充実が、いじめ防止に向けて重要であるとしている。そこには、例えば、次のような記述がある。

これまでも道徳教育はいじめの防止に関して大きな役割を負っていました。しかし、これまでの道徳教育は、読み物の登場人物の気持ちを読み取ることで終わってしまっていたり、「いじめは許されない」ということを児童生徒に言わせたり書かせたりするだけの授業になりがちと言われてきました。

現実のいじめの問題に対応できる資質･能力を育むためには､「あなたならどうするか」を真正面から問い、自分自身のこととして、多面的・多角的に考え、議論していく「考え、議論する道徳」へと転換することが求められています。

このため、道徳の授業を行う先生方には、是非、道徳の授業の中で、いじめに関する具体的な事例を取り上げて、児童生徒が考え、議論するような授業を積極的に行っていただきたいと思います。

## 学校における「言語環境」と、そのあるべき姿

**Q57** 学校における「言語環境」とはどのような環境か。いくつか挙げ、その中の一つについて具体的にあるべき姿を述べよ。

**advice**

「言語環境」は持論ではなく、学習指導要領に沿って述べる。

どれを取り上げて説明しても良いが①・⑤・⑥が教師としての資質や能力が現れやすく述べやすい。また①・⑤・⑥は、教師の資質・能力として面接や模擬授業等で合否を決める重要な要素になる。

**KEY WORD**

○言語環境の整備　○正しい言語・丁寧な文字
○聞き取りやすい静かな声　○言葉は心

**HINT ▶出典・参照**

□ 小・中学校学習指導要領第1章総則第3の１（２）
□ 小・中学校学習指導要領解説（総則編）第3章第3節の１（２）「言語環境の整備と言語活動の充実」
□ 言語活動の充実に関する指導事例集（小学校版、中学校版、高等学校版）

模範解答

**A**

学習指導要領解説に示された「言語環境の整備」の視点は①教師は正しい言語で話し、黒板などに正確で丁寧な文字を書くこと。②校内の掲示板やポスター、児童（生徒）に配布する印刷物において用語や文字を適正に使用すること。③校内放送において、適切な言葉を使って簡潔に分かりやすく話すこと。④適切な話し言葉や文字が用いられている教材を使用すること。⑤教師と児童（生徒）、児童（生徒）相互の話し言葉が適切に行われるような状況を作ること。⑥児童（生徒）が集団の中で安心して話ができるような教師と児童（生徒）、児童（生徒）相互の好ましい人間関係を築くことである。

私は特に①の「教師は正しい言語で話す」が最も重要だと考える。何でも吸収する時期の子供たちにとって教師の一言一句は重要である。教師として「聞き取りやすい静かな声で話す」「正しい日本語で話す」「丁寧で美しい言葉」「思いやりのある優しい言葉」を心掛けようと思う。

教師として、正しく、美しく、思いやりのある言葉が使えるようにならなければならない。そのための努力は怠ってはいけないと思う。しかし、それ以上に大切な事は、言葉は心だということである。子供の心や思いを大切に考え、それが教師の言葉となって表れたときに、子供にとっての理想的な言語環境になるのだと考えている。

ここもおさえておきたい！！

## 児童の言語環境の整備

例えば、小学校学習指導要領解説総則編の第３章第３節１「（２）言語環境の整備と言語活動の充実」には、次のような記述がある。

児童の言語活動は、児童を取り巻く言語環境によって影響を受けることが大きいので、学校生活全体における言語環境を望ましい状態に整えておくことが大切である。学校生活全体における言語環境の整備としては、例えば、教師との関わりに関係することとして、①教師は正しい言葉で話し、黒板などに正確で丁寧な文字を書くこと、②校内の掲示板やポスター、児童に配布する印刷物において用語や文字を適正に使用すること、③校内放送において、適切な言葉を使って簡潔に分かりやすく話すこと、④より適切な話し言葉や文字が用いられている教材を使用すること、⑤教師と児童、児童相互の話し言葉が適切に用いられているような状況をつくること、⑥児童が集団の中で安心して話ができるような教師と児童、児童相互の好ましい人間関係を築くことなどに留意する必要がある。なお、言語環境をはじめ学校教育活動を通じ、色のみによる識別に頼った表示方法をしないなどの配慮も必要である。また、小学校段階では、教師の話し言葉などが児童の言語活動に与える影響が大きいので、それを適切にするよう留意することが大切である。

## 「中１ギャップ」解決のための取組

**Q 58** 中学校に入学した１年生が、中学校生活や学習に不適応を起こすことを「中１ギャップ」と言うが、この問題解決のために、どのような取組が必要か、受験する学校種（小学校または中学校）の立場で述べよ。

**advice**

子供の実態を踏まえ、小学校から中学校へのスムーズな接続に配慮した準備を述べること。

一つの中学校に、複数の小学校から入学する場合は、小学校同士の交流も重要になってくるので、地域によっては取り上げる必要がある。

**KEY WORD**

○教科担任制　○小中学校の共通理解　○児童生徒間の交流
○入学後の情報交換

**HINT ▶出典・参照**

□「小１問題、中１ギャップの予防・解決のための「教員加配に関わる効果検証」に関する調査・最終報告書」(平成25年4月25日・東京都教育庁)
□「中1ギャップ」(富山県総合教育センター)

模範解答　（小学校教員採用試験の場合）

**A**

私も中学校に入学したとき、授業ごとに先生が替わり、担任の先生とは朝と帰りに会うだけで、相談等もしづらい雰囲気で不安だった。

子供たちが、中学校生活にスムーズに適応できるように6年生の1年間をかけ、計画的に中学校との交流を進めていくことが必要だと考える。

まず、年度当初に交流計画を小学校と中学校の教師が話し合い目標等について共通理解し、

①教科担任制に慣れるために、中学校の先生に小学校で授業をしてもらう。また6年生の一部の教科を教科担任制で行う。このように小学校の頃から中学校の学習形態に慣れさせておく。

②互いの学校行事に招待し合い、児童生徒間の交流を通して人間関係を深める。

③中学校の部活動の見学だけでなく、合同練習（活動）等で互いの信頼関係を深める。

④中学校生活への適応は個人差が大きく、きめ細かな引継ぎを必要とする。入学後の情報交換も確実に行い、定期的に元担任が中学校へ参観に行ったり、個々の子供と連絡を取ったりする。

などの取組を行いたい。

思春期は、多感で傷つきやすい時期です。小学校と中学校の教師の連携、協力、配慮のあるスムーズな橋渡しが必要だと考える。

ここもおさえておきたい!!

## 義務教育学校について

義務教育学校の導入に伴う学校教育法等の改正に際して、文部科学省が出した通知文「小中一貫教育制度の導入に係る学校教育法等の一部を改正する法律について（通知）」（平成27年7月30日）では、次のような記述により、義務教育学校の概要や教員の要件、財源、定員等について簡潔に説明されている。

今回の改正は、学校教育制度の多様化及び弾力化を推進するため、小中一貫教育を実施することを目的とする義務教育学校の制度を創設するものです。

また、併せて義務教育学校の制度化に係る行財政措置として、公立の義務教育学校に関する教職員定数の算定並びに教職員給与費及び施設費等に係る国庫負担については、現行の小学校及び中学校と同様の措置を講ずることとするとともに、義務教育学校の教員については、原則として、小学校の教員の免許状及び中学校の教員の免許状を有する者でなければならないこととしております。

## モンスターペアレント対策

**Q59** モンスターペアレントと称される保護者の存在が問題視されている。このモンスターペアレント対策について、あなたの考えを述べよ。

**advice**

学校で子供を預かって教育している以上、保護者との関係は重要である。保護者は、学校での子供の状況について知る権利や、また学校の教育について意見を述べる権利がある。学校に意見を言ってくる保護者をモンスターペアレントと決め付けず、真摯に向き合い、話し合うことが大切であることを述べたい。

**KEY WORD**

- ○自己中心的で理不尽な要求を繰り返す者
- ○保護者の権利意識
- ○学校に要求や苦情、意見を言ってくる親を初めからモンスターペアレントであると決め付けた見方で接するのは危険
- ○学校全体で受け止め、対応策や解決策について話し合いを通じて考えていく姿勢が大切
- ○真摯で誠意ある姿勢は相手に伝わる

模範解答

**A**

モンスターペアレントと呼ばれる保護者は、学校や教員に対して、自己中心的で理不尽な要求を繰り返す者とされている。このような保護者の要望や苦情の対象となった教員は、それらの対応に追われ、時間的にも精神的にも多くの負担が強いられる。過去には自殺に追いやられた教員がいたとも聞いた。保護者の権利意識が強くなり、税金を納めているのだから、当然のサービスとして学校や教員が行うべきであると強く要求してくるのであろう。またその中には、人格障害を疑われる保護者も多くいると言われている。あまりにも不合理で理不尽なものについては、学校や教員の行ったことが正当であるという説明を行い、それでも聞き入れてもらえない場合は、第三者として教育委員会や弁護士などに入ってもらい解決すべきだと考える。

しかし、学校に要求や苦情、意見を言ってくる親を初めからモンスターペアレントであると決め付けた見方で接するのは危険である。保護者からの苦情や要望があったときには、きちんとその訴えの内容を聞き、たとえそれが一教員へのものであっても学校全体で受け止め、対応策や解決策について、話し合いを通じて考えていく姿勢が大切だと考える。たとえ要望や苦情が自己中心的で理不尽であっても、話し合いの結果、その要望や苦情を受け入れることができなくても、真摯で誠意ある姿勢は相手に伝わり、その影響は最小限にとどまるのではないだろうか。

## 令和の日本型学校教育

**Q60** 令和３年１月26日に提出された中央教育審議会答申の「令和の日本型学校教育」について、あなたはどう受け止め、どのような授業を行うか述べなさい。

**advice**

本答申は、学校教育全体の改革を目指しているが、その中核的なものが指導の改革（学習の改革）である。教員を目指す者として、この答申をどう受け止め、どのような授業構想を描いているのかを具体的に述べることである。

**KEY WORD**

○知・徳・体　○一体的に指導　○人格形成　○教育基本法　○人格の完成
○社会の形成者　○全人的な成長　○学習指導要領　○主体的・対話的で深い学び
○探究的　○意見交換　○学習履歴（スタディ・ログ）　○習熟度　○個別最適な指導
○子供の個性　○情報通信ネットワーク　○一人１台の情報端末　○遠隔授業
○協働学習

**HINT ▶出典・参照**

□「令和の日本型学校教育」の構築を目指して～全ての子供たちの可能性を引き出す、個別最適な学びと、協働的な学びの実現～（答申）（令和３年１月26日　中央教育審議会）

模範解答 A

日本型の学校教育は、子供たちの知・徳・体を教師が一体的に指導を行い、総合的な人格形成を目指してきた。その良さを生かしながら、高度情報化などの社会の変化に対応した学校教育を目指すことが趣旨だと認識している。この趣旨を踏まえ、以下のように授業改善を行いたい。

１．日本型教育の良さを再認識

教育基本法では、教育の目的は、「人格の完成」「社会の形成者」「心身ともに健康」とある。学力向上は学校教育の重要な目標であるが、学習における仲間との競争や協働は、思いやりや社会性の育成、学ぶ楽しさなどにも効果がある。教師は、日本型教育の良さを再認識し、学習指導力などの高さを目指すだけでなく、子供たちの夢や悩みの相談にも応えられる高い人間性を持ち、総合的な指導能力を身に付けなければならない。

２．学習指導要領の効果的な実施

令和の日本型教育がその目的を達成するためには、教育現場が学習指導要領を効果的、かつ確実に実施することだと考える。以下に授業改善について述べる。

（１）「主体的・対話的で深い学び」を目指した授業（学習）改善　学習の導入は、可能な限り子供の興味関心から課題を設定し、結果の見通しを持たせて主体的、探究的に学習を進められるよう指導する。学習の過程においては、友達や専門家等との意見交換を大切にする。また、子供に学習過程の記録を取らせ、教師が形成的に評価し、適切な指導を行い、考え等が深まるように指導を行うことが重要である。

（２）子供の能力に応じた指導（学習）　子供の学力には大きな差があり、授業を行う者は、学習履歴などを活用して、子供の習熟度を把握し、事前指導や、授業中の個別指導、能力に応じた教材の使用など、個別最適な指導に心掛けることが大切だと考えている。

（３）子供の個性が生かされる指導（学習）　子供たちは、育った環境や経験によって様々な考え方をする。授業者は、学ぶ目標、内容は同じでも、学習の切り口となる解決課題や解決方法を学習者に応じて設定し、それを解決していく過程を支援していきたい。

３．高度情報化に対応した学習指導の改善

（１）情報通信ネットワークを使いこなす能力の育成　高度情報化社会では、インターネット上で必要な情報を収集し、取捨選択し、自分の仕事や生活に役立てる能力が必要となる。そうした能力について一人１台の情報端末で確実に身に付けさせたい。

（２）情報通信ネットワークを活用した授業の創造　仕事でも生活でもインターネットなしでは考えられない時代である。学校においても、調べ学習、遠隔地の子供たちとの交流や協働学習、適切な学習教材の入手、感染症対策としての遠隔授業など、学習のあらゆる場面で必要に応じて情報通信ネットワークを活用し学習効果を高めたい。

急速に変化する世界で、子供たちが、社会の一員として、力強く有意義に生きていく意欲や能力を育て、令和の日本型学校教育の目的を達成したい。

## SDGsへの取組

**Q61** 「SDGs」への取組が世界的な課題となっている。「SDGs」を学校で取り組む教育的価値は何か。また、どのような授業等を考えているか述べよ。

**advice**

SDGsは世界的な課題であり、子供たちの生活に密接に関係した学習であり、学習や活動の教育的な価値は高い。授業でSDGsの活動を取り上げる場合の注意点は、学習指導要領を逸脱したり、通常の教科等の学習時間を圧迫したりしてはならないことである。自校の教科等の年間指導計画に無理のない形で組み入れたい。

また、子供たちの発達段階を考慮して、学習活動が極端に批判的、攻撃的にならないように充分な指導を行うべきであることを述べたい。

**KEY WORD**

○主体的・対話的で深い学び　○学習指導要領　○人類の課題　○自らの解決課題
○合科　○教科等横断的　○年間指導計画　○継続的　○学習指導要領の目標、内容
○教科等の授業時数　○自己評価　○教師の指導評価　○学習観察記録
○主体的、継続的　○学校の教育課程から逸脱　○闘争的　○政治的活動　○事前相談
○活動中の報告

**HINT ▶出典・参照**

□2015年の国連サミットで加盟国の全会一致で採択された持続可能なゴール（開発目標）で、人間がよりよく生きるための17のゴールがあり、2030年までに達成を目指している。

□学校教育法施行規則第50条（教育課程の編成）教科等の種類、第51条（授業時数）、第52条（教育課程の基準）学習指導要領

模範解答

**A**

SDGs の活動を学習で取り上げることは、世界的テーマであり、しかも身近な学習素材を学習することになり、児童生徒の学習に対する興味・関心を刺激し、学習の生活化がなされる。また、学習のねらいや方法が、「主体的・対話的で深い学び」そのものであり、教科等の学習と関連し、学習指導要領の目標達成に生かされると考えている。

１．子供の興味・関心に応じたゴールの設定

SDGs は、人類の課題であり、この活動に参加している人々は、地球規模の様々な問題を自らの解決課題と考え、身近なことから、少しずつ取り組んでいる。子供たちが学ぶ際にも、学習の始まりは、子供たちの興味・関心と解決しようとする意欲が大切である。教師は、子供たちの興味・関心や解決したいという意欲を受け止め、活動しやすく成果が実感できる目標の設定に手を貸すことである。

２．合科、教科等横断的な指導計画

総合的な学習の時間で SDGs の活動を行う事も考えられるが、各教科等の目標や内容を考慮して、複数の教科を合科で実施したり、各教科等で目標や内容、活動の関係を考慮したりして、教科等横断的に年間指導計画に組み込み、年間を通して継続的に学習や活動を進めることを考えている。これは学習や活動の性質上、ある時期に集中して行うよりも、年間を通じて継続的に学習を進めることが効果的と考えるからである。

計画を立てる際に、学習指導要領の目標、内容、教科等の授業時数の著しい逸脱や、子供への過度な負担になることなどに注意が必要だと考える。

３．「主体的・対話的で深い学び」

学習指導要領で求めている、「主体的・対話的で深い学び」が実現されることが重要である。子供たちが自分たちの課題意識を整理して目標を設定し、仲間と話し合い協働して学習や活動をすることで、大きな成果が期待できると考える。

「主体的・対話的で深い学び」が成立しているのかを確認するために、発表会や協議の時間を適宜設定し、子供の学習活動や協議の記録を日々評価させ、教師は、個々の子供の学習観察記録をつけるなど、形成的に評価を行う。

４．学習を継続的なものにする

SDGs の目的は人類の抱える喫緊の課題を解決することである。ある期間の学習が終了しても、子供たちがこれからの生活において、主体的、継続的に取り組んでいくことが大切で、教師は継続的な指導を行っていかなければならい。

学校教育の一環として行われるものである以上、学校の教育課程から逸脱することなく、保護者や地域住民の理解を得て行われることが必要である。学習の過程で、考え方の異なる者と闘争的になったり、政治的活動になったりしないように十分な配慮が必要だと考える。また、校長先生等への事前相談や、活動中の報告も忘れてはならない。

## 性的マイノリティへの対応

**Q62** 性的マイノリティ（LGBTQなど）への偏見や差別の解消は、現在の教育的課題である。性的マイノリティについてどう考えているか。また、児童生徒にどのように指導するか述べよ。

「三つの柱」で解答の構成を考えてみよう！

【序論】

【本論】

【結論】

**advice**

学校で「性同一性障害」については、トイレ、着替え、体育の授業、宿泊的行事などの対応で大きな課題となっている。その他の性的マイノリティについても指導は十分ではなく、人知れず悩んだり、苦しんだりしている子供もいる。保健体育や特別活動などで偏見や差別の指導を含め、計画的な指導が期待されている。

**KEY WORD**

○性的指向　○偏見や差別
○無記名の実態調査
○保健体育　○学級指導
○学校便り　○学級懇談会
○ジェンダーフリー

**HINT ▶出典・参照**

□「性同一性障害や性的指向・性自認に係る、児童生徒に対するきめ細かな対応等の実施について（教職員向け）」（文部科学省）
□性同一性障害者の性別の取扱いの特例に関する法律（平成15年7月16日法律第111号　最終改正：平成25年5月25日法律第53号）

構成・記述例

**A**

【序論】私は、性的マイノリティを個性だと考えている。自分の性や性的指向に違和感を持っている子供たちの不安や悩みを軽減し、偏見や差別のない社会になることを願っている。

【本論】１無記名の実態調査や子供の話し合いなどから、性的マイノリティについての課題を把握し、学習の目標を明確にする。２保健体育や学級指導の性に関する指導において、性的マイノリティについて正しく理解させる。３学校便りや学級懇談会などでテーマに取り上げ、家庭や地域社会と連携した指導を行う。

【結論】性的マイノリティだけでなく、あらゆる偏見や差別について、道徳の時間などで考えさせ、その本質を理解させ、偏見や差別をなくそうとする意識や意欲を育てることが、教師の大切な役目だと考えている。

## ⑥ 特別支援教育

### 障害のある児童生徒の指導

## Q63 障害のある児童生徒の指導について、あなたの考えを述べよ。

「三つの柱」で解答の構成を考えてみよう！

【序論】

【本論】

【結論】

**advice**

普通学校の教員を目指していても、特別支援教育への理解と積極的に関わる意欲を示したい。ＬＤ等の用語が文中に出てくることは、意識や理解をはかるバロメーターになる。

**KEY WORD**

○指導や対応、支援等は千差万別
○意欲や特性に応じて　○生活力の育成
○障害の特性や、特長を理解し指導計画を立てる
○合理的配慮　○教育の場を学級だけでなく
○特別支援コーディネーター

**HINT ▶出典・参照**

□ 学校教育法第72条、第73条、第74条、第75条、第81条
□「障害のある子供の教育支援の手引」（文部科学省、令和３年6月）

構成・記述例

**A**

【序論】 障害はそれぞれの児童生徒によって様々で、指導や対応、支援等は千差万別である。その児童生徒が、その意欲や特性に応じて、全ての児童生徒とともに学ぶことができるようにするのが教師の使命だと考える。以下に私の考えを述べる。

【本論】 ①保護者とともに障害のある児童生徒の障害の特性や、特長を理解し指導計画を立てる。　②合理的配慮の考えに基づき、学力だけでなく生活力の育成に努める。　②教育の場を学級だけでなく広く学年、学校、地域社会と捉え活動を広げる。　③特別支援コーディネーターや先輩教員、管理職の指導を仰ぎながら効果的な指導を行う。

【結論】 全ての子供に何らかの障害はあると考える。障害を個性と考えて、苦手な部分を支援し、得意な部分を伸ばす教育をしたいと考える。

## 発達障害のある児童生徒への支援

**Q64** 発達障害者支援法のねらいを踏まえて、学校における発達障害のある児童生徒への支援について、あなたの考えを具体的に述べよ。

**KEY WORD**

○早期発見と発達支援
○正しい知識と温かく肯定的な理解
○個に応じた指導
○到達可能な目標の設定。認め合う雰囲気
○保護者との連携・協力。相談機関や医療機関との連携

**HINT ▶出典・参照**

□ 小学校・中学校学習指導要領第１章総則第4「児童の発達の支援」の２（１）
□ 小学校・中学校学習指導要領解説（総則編）第3章第4節の２（１）

模範解答

**A**

「発達障害者支援法」は、自閉症、アスペルガー症候群その他の広汎性発達障害、学習障害、注意欠陥多動性障害、その他これに類する脳機能の障害による発達障害の症状をできるだけ早期に発見し、発達支援を行うことに関する国及び地方公共団体の責務を明らかにするとともに、学校教育における発達障害者への支援、発達障害者の就労の支援、発達障害者支援センターの指定等について定めることにより、発達障害者の自立及び社会参加に資するようその生活全般にわたる支援を図り、もってその福祉の増進に寄与することを目的に、制定された。

私は、学校における発達障害のある児童生徒への支援を次のように行いたい。

○児童生徒の症状や特徴を正確に知り、温かく肯定的に理解する。

○個別の声掛けや具体的な手立てを組み、個に応じた指導を目指す。

○到達可能な目標を設定し、達成感・成就感を得られるようにする。

○学級全体に互いを認め合う雰囲気を作る。

○教職員に呼び掛け、校内支援体制を整える。

○保護者との連携・協力を深めるとともに、必要に応じて相談機関や医療機関の支援を得る。

以上の事項を重点的に実践するとともに、早期発見と適切な支援ができるように先輩教師や管理職からの指導を積極的に求め、自己研鑽に励みたいと思っている。

ここもおさえておきたい!!

## 特別支援教育の理念

障害のある幼児児童生徒の自立や社会参加に向けた主体的な取組を支援する視点に立ち、幼児児童生徒一人一人の教育的ニーズを把握し、その持てる力を高め、生活や学習上の困難を改善又は克服するため、適切な指導及び必要な支援を行う。又、これまでの特殊教育対象の障害だけでなく、知的な遅れのない発達障害も含めて特別な支援を必要とする幼児児童生徒が在籍する全学校で実施される。更に、障害のある幼児児童生徒への教育にとどまらず、障害の有無やその他の個々の違いを認識しつつ様々な人々が生き生きと活躍できる共生社会の基盤となるもので、我が国の現在及び未来社会にとって重要な意味を持っている。

## 交流及び共同学習の意義と重要性

**Q 65** 小・中学校の特別支援学級と通常の学級の間で行われている交流及び共同学習の意義とその重要性について、あなたの考えを述べよ。

**KEY WORD**

○障害のない子供との相互理解を図る
○理解や認識を深めるための絶好の機会
○双方の子供にとって意義深い教育活動
○社会性や豊かな人間性を育む上で重要な役割を果たす
○交流の側面と共同学習の側面を一体のものとして捉えて推進する
○双方の教育的ニーズに沿ったきめ細かで効果的な活動を設定する

**HINT ▶出典・参照**

□ 小学校・中学校学習指導要領第１章総則第4「児童の発達支援」の２（１）
□ 小学校・中学校学習指導要領解説（総則編）第3章第4節の２（１）
□「特別支援教育の推進について（通知）」(平成19年４月)
□「交流及び共同学習ガイド」(文部科学省ホームページ)

模範解答

**A**

小・中学校学習指導要領にも定められているように、特別支援学級と通常の学級の子供との交流及び共同学習は、極めて重要な教育活動である。私は、この教育活動の意義とその重要性について、次のように考える。

１　交流及び共同学習の意義

障害のある子供が、地域社会の中で豊かに生きるためには、障害のない子供との相互理解を図ることが極めて重要である。特別支援学級と通常の学級の間で行われている交流及び共同学習は、障害のある子供にとって有意義なものであるばかりでなく、障害のない子供にとっても、障害のある身近な友達との相互の理解や認識を深めるための絶好の機会である。双方の子供にとって意義深い教育活動である。

２　交流及び共同学習の重要性

障害のある子供と通常の学級の子供が共に活動することは、両方の子供にとって、教科などの学習としてだけでなく、社会性や豊かな人間性を育む上で重要な役割を果たしている。そのため、交流の側面と共同学習の側面を一体のものとして捉えて推進することが重要である。また、特別支援学級の子供との交流及び共同学習は、日常の様々な場面で活動を共にすることが可能なので、双方の教育的ニーズに沿ったきめ細かで効果的な活動を設定することができる。

ここもおさえておきたい！！

## 交流・共同学習の意義

文部科学省の「交流及び共同学習ガイド」の第１章の「１ 交流及び共同学習の意義」には、次のような記述がある。

障害のある子どもと障害のない子どもが一緒に参加する活動は、相互のふれ合いを通じて豊かな人間性をはぐくむことを目的とする交流の側面と、教科等のねらいの達成を目的とする共同学習の側面があるものと考えられます。「交流及び共同学習」とは、このように両方の側面が一体としてあることをより明確に表したものです。また、この二つの側面は分かちがたいものとして捉え、推進していく必要があります。交流及び共同学習は、障害のある子どもの自立と社会参加を促進するとともに、社会を構成する様々な人々と共に助け合い支え合って生きていくことを学ぶ機会となり、ひいては共生社会の形成に役立つものと言えます。

## 家庭や地域との連携・協力

# Q66 学校が家庭や地域と連携・協力していくことが、なぜ教育力の向上につながるのか、あなたの考えを述べよ。

「三つの柱」で解答の構成を考えてみよう！

【序論】

【本論】

【結論】

**KEY WORD**

○生活のあらゆる面での体験や学習　○全人的な教育　○家庭や地域に期待している教育的な価値を示す　○組織的な活動　○常に活動の改善改革　○主人公は子供

**HINT ▶出典・参照**

- □「開かれた学校」への転換（平成8年7月・中央教育審議会答申）　□ 学校教育活動の公開
- □ 家庭や地域社会の人材の活用　□ 地域の自然環境や社会環境の有効活用
- □ 学校の教育機能を地域に開放　□ 学校評議員制度の導入
- □「教育サポート制度の普及に向けて」(平成20年3月)
- □「学校支援地域本部キックオフ」(平成20年7月)
- □「放課後子どもプラン」(平成23年10月)

構成・記述例

**A**

【序論】　教育の課題は多様であり、児童生徒の生活のあらゆる面での体験や学習がなければ、全人的な教育はできない。家庭、学校、地域が目的を共有し、連携して子供たちを育てることが期待されている。以下にその在り方を述べる。

【本論】①学校にできること、家庭や地域に期待している教育的な価値を示し、連携を呼び掛ける。

②それぞれの特長に応じた分担や協力することを明確にして、組織的な活動を行う。

③意思疎通や活動の結果や評価の公表に努め、常に活動の改善改革を行う。

【結論】　企画や運営を大人が中心にやっている場合が多いが、主人公は子供であるということを明確にして、子供たちが意欲的、主体的に関われる教育活動を重視したい。

## 言語感覚を養う

**Q10** 小学校学習指導要領の「国語」の目標に「言語感覚を養い」とある。「言語感覚」を養うために、どのような授業を行うか考えを述べよ。

「三つの柱」で解答の構成を考えてみよう！

【序論】

【本論】

【結論】

**advice**

小学校学習指導要領では「言語感覚を養い」、中学校では「言語感覚を豊かにし」とある。中学校では更に質の高さ等が求められ、授業にもそれが必要となる。

**KEY WORD**

○感じたことや考えたこと伝え合う
○音読　○朗読　○表現の効果
○言葉の響きやリズム

**HINT ▶出典・参照**

□「小・中学校学習指導要領第2章第1節国語」
□「小・中学校学習指導要領解説　国語編」

構成・記述例

**A**

【序論】「言語感覚」とは、言語（語句・語義）の意味だけでなく、言語から感じる堅さ柔らかさ、温かさ冷たさ、優しさや厳しさといった言語の持つ響きなど、その人が感じる微妙な感覚だと考えている。以下に私の授業方策について述べる。

【本論】「1．言葉に注意し、行間を読む授業」感じたことや考えたことを伝え合う授業を多く取り入れる。子供が一人一人の感じ方に違いがあることを知り、感じ方を豊かにする。「2．声に出して味わう授業」　音読や朗読の時間を確保する。言葉の抑揚や間の取り方などの表現効果に気付き、自らの表現方法を高める。「3．自分の考えや思いを効果的、豊かに伝える授業」文章の内容と自分の体験とを結び付け、表現を工夫して、感動や気持ちを効果的に豊かに伝える。

【結論】「言語感覚」は、教師が授業等で敏感に取り扱うことで、育成が可能になると考えている。感性を豊かにし、日本文化や日本語への親しみや誇りを育成する大切な教育だと考えている。





## 地域の人材活用の進め方

**Q67** 学社連携・学社融合の根幹をなすといわれ
活用をどのように進めていったら良
体的に述べよ。

【序論】

【本論】

【結論】

**KEY WORD**

○人材を掘り起こし、活用　○必要とする人
○学校の教育目標や人材活用の期待を地域に
○学校と地域人材の両者が成果を得る
○地域の人材活用のノウハウ

**HINT ▶出典・参照**

□「今後の地方教育行政の在り方について（答申）第4
□「学校支援地域本部事業の実施について（運用指針）」
□「学校支援地域推進事業に関するQ＆A」(平成20年)

構成・記述例

**A**

【序論】　地域には多種多様な知識、経験、技術を持った人
めに、それらの人材を掘り起こし、活用することが期待されて

【本論】　①学校の教育目標や教育課程、教育計画の分析を行
②学校の教育目標や人材活用の期待を地域に示し、地域の人材資産を掘り起
が成果を得ることを目指し、発展的、持続的な活動を行う。

【結論】　学校の指導の基盤がしっかりしていて、行き届いた準備が教員により行わ
すことができず、形だけの活動になると考えている。質の高い教育を行うために地域
付けたいと考えている。

指導力不足教員にならないために

## Q68 将来あなたが指導力不足教員（教育委員会ごとに「研修措置教員」など、別な呼び方をする場合がある）にならないための考えを述べよ。

「三つの柱」で解答の構成を考えてみよう！

【序論】

【本論】

【結論】

**KEY WORD**

○初心を忘れず　○明確な課題と目標を持つ
○教師力を高めることに生きがいを
○社会経験や読書、趣味等を行う
○自己の教育活動を評価する（ＰＤＣＡ）
○自己の子供を成長させたい
○常に子供を成長させたい
○この仕事を選んだ誇り

**advice**

教師としての意欲や資質が問われる出題である。期待される教師像を明確に表現し、力のある教師、向上心のある教師を目指す意欲を表現したい。

**HINT ▶出典・参照**

□ 教育公務員特例法第25条の二（指導改善研修）、同第25条三（指導改善研修後の措置）
□「指導が不適切な教員に対する人事管理システムのガイドライン」(平成20年2月)

構成・記述例

**A**

【序論】　教師の指導力不足による学級崩壊や授業崩壊が話題になる。経験を積むことによって指導力が上がるのが普通であるが、慣れによるいい加減な指導や分かりにくい授業、教師の意欲が感じられない子供への対応などがあると考える。私は以下の職責を果たしたい。

【本論】①初心を忘れず、意欲や夢を持ち続けるために、年度始めに明確な課題と目標を持つ　②教師力を高めることに生きがいを感じられるように、常に研修に励む。　③考え方や物の見方が子供と乖離しないために社会経験や読書、趣味等を行う。　④授業や生徒指導などの日々の記録を取り、自己の教育活動を評価する(ＰＤＣＡ)。

【結論】　常に子供を成長させたい、意欲的で温かい学級を作りたいという気持ちを持ち、子供と真剣勝負でぶつかり、足りない自分を鍛え続けることで、この仕事を選んだ誇りとなるようにしたいと考えている。



模範解答

**A**

学力が上がり、
使命である。本論
重要であることは
想定しなければなら

1．指導計画に家庭学習を位置付
学習指導要領の内容は基本的に
要なもの、予習が効果的なもの、興
記し指導に生かす。

2．家庭学習とリンクした授業展開
①予習のため、次回の授業内容を知らせ、
②自分の習熟度に応じた練習課題を自覚さ
③家庭学習が授業に生かされ、成果が児童生
④授業の中で、家庭で取り組みやすい幅広い
る。

3．家庭学習の具体例の指導
①年度当初に家庭学習例を紹介し指導する。
②年度当初に家庭学習の目標や計画を立てさせ、経
的に持つ。

4．保護者との連携
家庭学習の効果と担任の基本的な方針を保護者に示し、
授業の一貫と考えて指導の効果を上げることが重要で、教
れると考える。

ここもおさえておきたい！！

### 家庭・地域との連携・協働

現行学習指導要領において、「家庭・地域との連携・協働」は重要
中央教育審議会が平成28年12月21日に出した、「幼稚園、小学
校及び特別支援学校の学習指導要領等の改善及び必要な方策等につい
次のような記述がある。

「これまでも学校は、教育活動の計画や実施の場面で、家庭や地域の人
力を得てきたが、今後、一層家庭や地域の人々と目標やビジョンを共有し　庭生活や社会環境の変化によって家庭の教育機能の低下も指摘される中、家庭の役割や責任を明確にしつつ具体的な連携を強化するとともに、地域と連携・協働して地域と一体となって子どもたちを育む。地域とともにある学校への転換を図ることが必要である。」

## 子供と接する際の心構え

# Q69 教員として子供と接する際の、あなたの心構えについて述べなさい。

「三つの柱」で解答の構成を考えてみよう！

【序論】

【本論】

【結論】

**advice**

「教師論」を述べる場合、注意しなければならないことは、借り物の抽象論にならないようにすること。自分の経験に基づく話を入れることにより、採点者の心に強く訴えることができる。

**HINT ▶出典・参照**

「ことわざ辞典」や「名言集」などから自分の理想と考えている教師像に当たる言葉を探してみることを勧める。

構成・記述例 A

【序論】　私が教師になるに当たって一番大切だと考えていることは、「和顔愛語」ということである。学級では、子供はいつも先生の顔を見て、先生の言葉を聞いている。いつでも穏やかな顔で、優しく愛情のある言葉を子供に掛けることが、教育の基本だと考えている。

【本論】　私が教員になりたいと考えたのは小学校５年生のときである。担任の先生が素敵で学級の誰もが先生が好きで、毎日の学校生活が楽しく、思い出に残るものであった。今でも先生の笑顔や声が浮かんでくる。先生が笑顔で教室に入ってくると、皆が先生に言葉を掛けてもらいたくて、いい子でいたように思う。先生は、いつも皆にうれしそうに声を掛けてから、授業を始めた。

６年生になって担任が替わると、学級が荒れ、先生はいつも私たちのことを怒鳴っていた。私たちも影響されたのか、ちょっとしたことで喧嘩になった。私は、いつも家に帰って、「前の先生が良かった、早く卒業したい」と母親に話していたのを覚えている。

中学校へ進学すると、教科担任制になったが、人気のある先生は、たとえ怖くても笑顔が素敵で、言葉が優しい方であった。

【結論】　教育が成立するためには、子供が「教師を好きであること」、「教師を信頼していること」、「教師を尊敬していること」が必要だと考えている。脅す教育、怒鳴る教育では子供は育たない、褒める教育、励ます教育で子供は育つと私は信じている。「和顔愛語」が教師を目指す私の心構えである。

## 職員会議の役割と臨む心構え

**Q70** 職員会議は、学校運営上必要かつ重要な役割を果たしている。法的根拠にふれながら、その役割を記せ。また、職員会議に臨む心構えを述べよ。

「三つの柱」で解答の構成を考えてみよう！

【序論】

【本論】

【結論】

**advice**

職員会議は、国会や県議会等のような議決機関ではなく、校長が職員に意見を聞く諮問機関である。これをきちんと踏まえ、事前の準備をして取り組みたいという考えを述べたい。

**KEY WORD**

○校長の職務　○円滑な執行
○職員会議は議決機関ではない
○経営ビジョンの理解
○資料に事前に目を通す　○記録を取る
○ただ連絡や上司の指示を受けるだけの場ではない　○考える場　○自己研鑽の場

**HINT ▶出典・参照**

□ 学校教育法施行規則第48条（職員会議）
□ 学校教育法第37条4（校長の職務）

構成・記述例

**A**

【序論】 職員会議は学校教育法施行規則第48条で「校長の職務の円滑な執行に資するため」と書かれている。議決機関ではなく、校長の経営判断のために、教職員の意見を聞いたり、教職員間の調整などを行ったりする場である。私は以下のように職員会議に臨みたい。

【本論】 ①経営ビジョンの理解、校長や教職員の考えを聞く良い機会だと考え、勉強に努める。

②資料に事前に目を通し、話し合う課題の把握、自分の考え、疑問点を整理しておく。

③記録を取り、行うべき指導や事務処理の内容や留意点、期間等を確実に把握する。

【結論】 職員会議は、ただ連絡や上司の指示を受けるだけの場ではない。学習指導や生徒指導について自分の役割として考える場であり、自己研鑽の場であると考えている。

**教育愛**

# Q71 「教育愛」は子供を指導する根幹である。「教育愛」について、あなたの考えを述べよ。

「三つの柱」で解答の構成を考えてみよう！

【序論】

【本論】

【結論】

**advice**

決まった模範解答が用意されていない種類の問題である。文書のまとめ方などはいうまでもないが、教師の根幹に関わる資質や意欲を見極めようとしている。

**HINT ▶出典・参照**

特別な出典や参照するものはないが、教育用語のように共通の概念のない言葉で教育関係者がよく使うものについて、自分なりの考えを整理しておくことも必要であろう。

構成・記述例 **A**

【序論】「教育愛」に対する明確な概念規定はないと考える。しかし、多くの教師が子供に対して「教育愛」を強く持っているはずである。たとえ指導が困難な状況であっても、くじけることなく教育し続ける教師にとってのエネルギーが「教育愛」だと考えている。

【本論】「教育愛」というと、教える子供に対しての優しさであると考えるのが普通であろう。「教育愛」というのは、その時点の愛情だけでなく、その子供の将来を考え、ときには厳しく突き放すことなども愛情である。好き嫌いに関係なく相手を尊敬し信じる人間、人の苦しみを知り人に優しくできる人間などに育てたいと願う強い信念が、ときには子供に対する厳しい指導となる。これが本当の「教育愛」だと考えている。　また、「教育愛」は受け取る子供によって様相を変える。その子供に今必要な「教育愛」は、どうすることか、どういう声掛けをするかなど、個々の状況によって違ってくる。それに的確に対応するためには、教師がその子供をどれくらい理解しているかに係ってくる。個々の子供が感じ、個々の子供に伝わり染み込むものが「教育愛」だと考えている。　【結論】担任しているときに厳しい先生だと言われても、大人になって、困難に突き当たったときに、かつての中学校の先生のあのひと言が支えや救いになったとか、小学校時代にしつけられた習慣をいまだにやっているなど、後で気が付き感謝されるようなものが、「教育愛」ではないかと考えている。本当の「教育愛」を持つ教師を目指したい。

## 個人情報保護のために

**Q72** **教師が児童生徒や保護者等の個人情報を学校外で漏洩・紛失する事故が多発している。教師として個人情報保護のために何をすべきか、あなたの考えを述べよ。**

「三つの柱」で解答の構成を考えてみよう！

【序論】

【本論】

【結論】

**KEY WORD**

○人権を損なう
○教育公務員
○個人情報の種類
○漏洩の実態
○情報管理ルールを遵守
○油断
○個人情報の保護義務

**HINT ▶出典・参照**

□ 地方公務員法第30条（服務の根本基準）第33条（信用失墜行為の禁止）第34条（秘密を守る義務）
□「学校における生徒等に関する個人情報の適正な取り扱いを確保するために事業者が講ずべき措置に関する指針」（平成16年11月・文科省告示161号）
□「情報モラル指導モデルカリキュラム」（平成19年5月）
□「教育の情報化に関する手引」について（平成22年10月29日）

構成・記述例

**A**

【序論】　学校にある個人情報が漏洩し、多くの子供や保護者の人権を損ない、気持ちを傷つける結果となってしまったニュースがよく報道される。教育公務員として以下の点に留意して個人情報の保護に努めたいと考える。

【本論】①学校の教育活動から生まれる個人情報の種類とその漏洩の実態を知ること。

②教育公務員としての個人情報保護が義務付けられていることを強く自覚すること。

③教育委員会や学校の情報管理のルールを遵守し、守ることを習慣化すること。

【結論】　自分は大丈夫という油断が、このような事故を起こしている。多くの個人情報を扱う教員としての個人情報の保護義務を自覚し、確実な取り扱いをする。

**教職員の体罰を禁じる法律名と条文。また、学校の体罰について**

## Q73 教職員の体罰を禁じている法律名と条文を記せ。また、学校で体罰が起こる理由と、体罰を起こさないために教員としてどのような心構えが必要か述べよ。

**advice**

「体罰」禁止については、教員採用試験を受ける者であれば、その条文を暗記しているべきである。

体罰は児童生徒の心身を傷つけることはあっても、教育効果は期待できないという考えを強く述べなければならない。体罰容認と捉えられるような表現はあってはならない。

**HINT ▶出典・参照**

- □ 学校教育法第11条
- □「体罰禁止の徹底及び体罰に係る実態把握について（依頼）」(平成25年1月23日・初等中等教育局長、スポーツ・青少年局長)
- □「体罰の禁止及び児童生徒理解に基づく指導の徹底について（通知）」(平成25年3月13日)
- □「体罰根絶に向けた取組の徹底について（通知）」(平成25年8月9日)

模範解答

**A**

学校教育法第11条「校長及び教員は、教育上必要があると認めるときは、文部科学大臣の定めるところにより、児童、生徒及び学生に懲戒を加えることができる。ただし、体罰を加えることはできない」

「体罰禁止の徹底及び体罰に係る実態把握について」の調査（平成25年8月9日公表）報告によると、体罰が行われた場所・場面に、小学校は、場面は「授業中」が、場所は「教室」が多く、中学校・高等学校では、場面は「部活動中」が、場所は「運動場・体育館」が多くなっています。体罰の態様は「素手で殴る」がいずれの学校種でも最多でした。

こうした体罰は、もしかすると、授業や部活動における指導に力が入りすぎて、「つい、手が出てしまった」もので、手を上げるつもりなどなかったのかもしれません。しかし、だからといって許されるものでもありません。

体罰を防止するためには、教師一人一人が、子供の人格、人権を尊重して指導に当たることが大切です。また、体罰は児童生徒の心と体を傷つけることはあっても、決して教育効果は期待できないという考えを強く持って指導に当たることが必要だと考えます。

子供に対して体罰が出るのは、自分の教師としての指導力のなさが原因であると自覚すべきです。一人一人の子供の心に響く指導、目標を持たせ主体的に努力する子供を育てられる教師を目指します。

**効果的な表現を使いこなそう**

## 学びて厭《いと》わず教えて倦《う》まず

学ぶことを仕事だと考えていたのでは教員はできません。学ぶことが楽しいと考えている人間が教員をやるべきだと思います。そして、学んだことを子供に教えていくことが教員の仕事です。分かる子供には更に高いものを、分からない子供には、分かるまで教える。そのことに生きがいを感じる教員でありたいと思う。「学びて厭わず教えて倦まず（注：自分が学ぶことにも、人に教えることにも熱心なこと）」が教師としての私の信念です。

## 今後実現すべき「令和の日本型学校教育」における教師の姿

**Q74** 令和３年１月に、中央教育審議会で今後実現すべき「令和の日本型学校教育」における教師の姿が示されました。これを受け、あなたはどのような教職生活を歩もうとするか述べなさい。

**advice**

答申では、教職員の姿として「学校教育を取り巻く環境の変化を前向きに受け止め、教職生涯を通じて探求心を持ちつつ自律的かつ継続的に新しい知識・技能を学び続け、子供一人一人の学びを最大限に引き出す教師としての役割」や「子供の主体的な学びを支援する伴走者としての能力も備えている」と述べている。これを踏まえ、先輩教師が積み上げてきた実績を基盤に、変化に対応し、持続発展的に価値ある教師として教職生涯を全うする決意や心構えを端的に述べることである。

**KEY WORD**

○職能の向上を目指し続ける　○日本の学校教育の良さ　○伴走者　○子供の手本となる社会人　○自らを高める人間　○変化をいち早くつかみ　○ICT などの教育機器の利用の研究　○個別最適な学び　○研修と修養　○成果と課題を自己反省　○指導を積極的に受ける　○改善努力を続ける　○心身ともに健康で明るい教師　○自分の成長を実感できる教師　○子供の話を良く見聞きし分かる教師

**HINT ▶出典・参照**

□「『令和の日本型学校教育』の構築を目指して（答申）」（令和3年1月　中央教育審議会）

模範解答 A

【序論】

理想の教師像は、子供の自己実現を支援し、平和的で民主的な社会人を、個に応じて育てることのできる人物である。加えて、社会や子供の急激な変化に対応して個別最適な指導ができるだと考える。以下に私の目指す教職生活ついて述べる。

【本論】

1．教職生涯にわたり職能の向上を目指し続ける

（1）積み重ねられてきた日本の学校教育の良さを生かす

日本の学校教育は、教科等の指導を中心としながらも、総合的な人間教育を目指している。給食、清掃活動、部活動など、人格形成に必要な能力や態度の形成を含めての全人的指導が行われている。教師は学習の指導者だけでなく、人格形成の伴走者としての役割を果たさなければならない。そのために、教師としての自分を磨き続ける。

（2）社会の変化と子供の変化に対応した指導法の工夫改善を行う

科学技術の発展は、子供の生活や、学校教育に、急速な変化を与えている。教師は、社会の変化に伴う子供の変化をいち早くつかみ、学習指導要領に示された指導目標や内容を ICT などの教育機器を有効利用して、子供たちに個別最適な学びを提供する。

（3）他からの評価を広く受け、結果重視の指導

日々の学習指導や生徒指導等の記録を取り、成果と課題を自己反省し、改善策について具体的にまとめ、それらについて、先輩や管理職の指導を積極的に受ける。

2．同僚、保護者、地域、関係機関等と協働した教育活動の推進

教師が個々の力量を高めても、一人で行う指導には限界があり、同僚や先輩などと連携・協力して進めることが教育成果を上げる基本だと考えている。また、保護者や専門家の協力も必要である。大人が協働して子供を育てる体制を大切にしたい。

3．心身共に健康で明るい教師を心掛ける

教師はいつも子供に見られている、接している、言葉を交わしている。その教師が、子供の成長への強い思いがあり、心身共に健康で、明るく、意欲的でなければ、いい教育はできない。そのために、心身の健康管理に努め、広く社会に目を向け、様々な活動に積極的に参加し、自らの人間的成長に心掛け、心豊かな人間として成長し続ける覚悟である。

【結論】

子供たちとの学びを通して、自分の成長を実感できる教師でなければならないと考えている。子供に教師としての夢を語り、子供への思いを語り、共に学び高め合い、あるときは強力に牽引し、あるときは心配しながら伴走し、子供の話を良く聞き、子供の気持ちの分かる教師であり続けたい。

## 教科書使用の留意点

**Q75** 学齢児童生徒には、教科ごとに教科書が国から無償で配布される。教員として教科書の使用で留意すべき点について述べよ。

「三つの柱」で解答の構成を考えてみよう！

【序論】

【本論】

【結論】

**advice**

教科用図書（教科書）制度は、学校教育の機会均等を実質的に保障し、全国的な教育水準の維持向上を図るためのものである。このことを踏まえ、授業では教科書を中心に使用するとともに、教科書以外の教材も、校長の許可を得て使用可能なことを「留意すべき点」として論述する。

**KEY WORD**

○教育の機会が均等　○学習指導要領　○各教科等学習指導要領の解説書　○教科等横断的な年間指導計画　○子供のレディネス　○興味関心　○教材　○教科書の使い方

**HINT ▶出典・参照**

□ 学校教育法第34条「小学校においては、文部科学大臣の検定を経た教科用図書又は文部科学省が著作の名義を有する教科用図書を使用しなければならない。　④前項の教科用図書以外の図書その他の教材で、有益適切なものは、これを使用することができる。」

構成・記述例

**A**

【序論】 教科書制度は、全国的に教育水準が維持され、教育の機会が均等に確保されるための重要なものである。 【本論】 1．学習指導要領等を理解し、指導目標や内容、指導上の留意点を把握する。　2．教科書と学習指導要領との関係性を理解し、教科横断的な年間指導計画を作成する。　3．教科書と他の有益な教材を、子供のレディネスや興味関心に応じて授業展開の中で効果的に併用する。　4．教科書の内容について保護者等に周知する。 【結論】 教科書を効果的に使用するために、教材研究に努め、教科書の使い方の上手な教師を目指したい。

子供の学習権

## Q76 「子供の学習権」について述べよ。

「三つの柱」で解答の構成を考えてみよう！

【序論】

【本論】

【結論】

**advice**

「子供の学習権」について述べよという大枠な設問であるが、教員採用試験の問題においては、学校教育における教師の視点で述べるのが適当である。

**KEY WORD**

○憲法、法律等に守られた権利
○保護者からの委託　○学習権の侵害

**HINT ▶出典・参照**

□ 日本国憲法第26条　□ 教育基本法第4条5条
□ 学校教育法17条等　□ 学習権宣言（ユネスコ）
□ 民法820条　□ 児童の権利関する条約28条

構成・記述例 **A**

【序論】　学習権は基本的人権の一つであり、全ての子供の権利として守らなければならない。それを保障し守ることは、教員の最も重要な責務である。

【本論】　1．憲法、法律等に守られた権利　日本国憲法、教育基本法、学校教育法などに「子供の学習権」は定められている。これに従って教育を行わなければならない。　2．保護者からの委託　子供の教育権は保護者にある。教師の自由裁量の教育ではなく、保護者から学校に委託された教育の役割を分担していると考える。　3．学習権の侵害行為　指導の名の下に、罰として授業中に子供を教室外に出したり、学習に必要な教材や教具を与えなかったりなど、授業を受けられないようにすることは学習権の侵害に当たる。障害のある子供に授業に必要な合理的配慮を行わないことも、学習権の侵害となる。

【結論】「子供の学習権」は、全ての子供の不可侵の権利である。直接子供と接する教員がその権利の重要性を認識し、理由を問わず確実に守らなければならない。

## 条件附採用の法的根拠と意義

**Q77** あなたが教員として採用された場合には条件附採用になる。条件附採用の法的根拠とその意義は何か、また、その期間をどのように過ごすか述べよ。

**advice**

教員は子供を相手にする、より人間的な職業であり、適性や資質能力が問われるため、一般公務員より条件附採用期間が長くなる。これを踏まえて、採用された場合の教員生活への心構えや取り組みたいと考えている内容を具体的に述べる。

**KEY WORD**

○良好な成績で勤務した場合に正式採用　○授業準備と反省　○先輩の指導を受ける
○児童生徒理解に努める　○教師らしい生活態度を心掛ける　○ありのままに
○1年間を大切に過ごしたい

**HINT ▶出典・参照**

□ 地方公務員法第22条（条件附採用）、教育公務員特例法第12条（条件附任用）
□「東京地裁判例24.10.29（確定）」条件付採用期間満了後、正式採用されず免職処分を受けた教員が、理由がないとして処分の取り消し求めたが、裁量権の逸脱・濫用はないとして請求を棄却された。

模範解答

**A**

教育公務員の条件附採用の法的根拠は、教育公務員特例法第 12 条で、地方公務員法第 22 条で６か月とされている条件附の期間を教員の職務の特殊性から１年としている。条件附採用とは、その期間良好な成績で勤務した場合に正式採用になるものである。選考試験では判断しづらい教員としての適性や資質・能力を見定める期間である。

私は、採用になった場合に以下のことに心掛け、条件附採用期間を過ごしたいと考える。

1．授業準備と反省　日々の授業の準備を確実に行い、授業記録をもとに反省し、授業力の向上を図る。

2．先輩の指導を受ける　自己の課題を話し、多くの先輩の指導を積極的に受け、教師としての指導力を高める。

3．児童生徒理解に努める　子供たちと積極的に会話し、その思いや課題、長所などについて理解を深め、記録を取り、学習指導や生徒指導に生かす。

4．初任者研修への取組　校内外の研修を日々の授業に生かす。

5．教師らしい生活態度を心掛ける　私生活でも恥ずかしくない生活態度を心掛け、誇りを持って子供たちの前に立てるように人間性を磨く。

子供を相手とした教員の仕事はごまかしが通じない。条件附採用期間は、自分が教員に向いているかどうかを判断してもらう重要な期間だと真摯に考える。教員として、子供と学ぶ喜びと責任感を持ち、ありのままに、教員としての最初の１年間を大切に過ごしたいと考えている。

ここもおさえておきたい!!

## 条件附任用

条件附任用について示した教育公務員特例法第 12 条の条文は、次のとおり。

第十二条　公立の小学校、中学校、義務教育学校、高等学校、中等教育学校、特別支援学校、幼稚園及び幼保連携型認定こども園（以下「小学校等」という。）の教諭、助教諭、保育教諭、助保育教諭及び講師（以下「教諭等」という。）に係る地方公務員法第二十二条第一項 に規定する採用については、同項 中「六月」とあるのは「一年」として同項 の規定を適用する。

2　地方教育行政の組織及び運営に関する法律（昭和三十一年法律第百六十二号）第四十条 に定める場合のほか、公立の小学校等の校長又は教員で地方公務員法第二十二条第一項（前項の規定において読み替えて適用する場合を含む。）の規定により正式任用になつている者が、引き続き同一都道府県内の公立の小学校等の校長又は教員に任用された場合には、その任用については、同条同項の規定は適用しない。

## 教員を志望する理由

## Q78 あなたが教員を志望する理由について、具体例を提示して述べよ。

「三つの柱」で解答の構成を考えてみよう！

【序論】

【本論】

【結論】

**advice**

志望理由には、自分の内面的要因と、外面的要因がある。前者では「子供たちが伸びることが私の喜びである」、後者では「恩師の指導法と人間性にほれたから」など、具体性を伴う話が心に届く。

**KEY WORD**

○教師への期待も大きい　○やりがい
○良い先生にめぐり合う
○大変さとやりがいを実感
○教職を通して満足感
○教員になろうという気持ちと努力は誰にも負けない
○子供たちの成長を楽しみや生きがいにできる

構成・記述例 **A**

【序論】　教員という仕事の大変さは、テレビや新聞による学校批判や教師批判に接するたびに感じる。しかし、教師が主人公の小説やドラマが多くの人々に感動を与えており、教師への期待も大きく、やりがいもあると考える。以下、教師への志が固まった理由を述べる。

【本論】①小学校のときに良い先生にめぐり合い、そのときから先生になりたいと考え続けてきた。

②大学で実際に教育学を学び、教育実習等でその大変さとやりがいを実感したから。

③一生の仕事として考えた場合、子供を相手にした教職に強い興味関心を感じ、教職を通して満足感が得られると考えたから。

【結論】教員になろうという気持ちと努力は誰にも負けないつもりである。子供たちの成長を楽しみや生きがいにできる教師になりたいと考えている。

# 論文を添削してみよう

ここまでで、78 問の論文問題にチャレンジしてきたことになります。

本書に紹介されている問題もあとわずかです。論文問題への自信は付きましたか。論文問題への理解を深め、自信を付けるためにおすすめなのが添削をすることです。

自分の論文を添削してもらった経験のある人は多いでしょう。しかし、添削した経験のある人はそれほど多くないでしょう。

採点官になったつもりで、以下の５つの視点から、論文を添削してみましょう。

## 論文を添削する視点

- **正しい文字・表記・正しい語句の用法、正しい文法等で分かりやすく書かれているか。**
- **出題のねらい、意図を的確に把握しているか。**
- **出題の社会的背景、教育的な課題性、緊急性、重要性等が書かれているか。**
- **論文が「序論」「本論」「結論」の構成になっているか。**
  **（出題の内容によっては、本文のみで良い場合もある）**
- **教育用語が適切に使われているか。**

自分の論文を添削してみることも大切ですが、模範解答など他の人が書いた論文も、そうした視点で見直してみることで、より理解が深まります。

是非とも挑戦してみましょう。

## 教育実習から学んだ感動体験

**Q79** あなたが教育実習から学んだ感動体験を述べよ。

模範解答

**A**

私が小学校５、６年生のときの担任のＡ先生は、怖い顔をした、しつけの厳しい方でした。しかし授業は楽しく、休み時間は優しい顔で、いつも一緒に遊んでくれました。私は、その先生のことが大好きで、自分も将来先生になろうと決めました。

教育実習は小学校４年生の学級で行いました。自己紹介のときに、子供たちの、どんな先生なのだろうという好奇の目、何かしてくれそうだというような期待の目を強く感じたのを覚えています。

初めて一人で子供たちの前に立って、授業を行ったときに、子供たちにうまく指示ができず、戸惑っていると、子供が助け舟となるような発言をしてくれたことが心に残っています。「ごめんね、ちょっと待って」の繰り返しの授業でした。子供たちは、私がまだ先生になるための勉強をしている最中だということを知っていて、失敗させないように気遣ってくれ、その気持ちがひしひしと伝わってきました。授業が終わると、子供たち全員が大きな拍手をしてくれました。指導の担任の先生も、後ろでニコニコと拍手をしてくれていました。授業後の休み時間に、一人の男の子がそばに寄ってきて、小さな声で「先生、手を挙げなくてごめんなさい。勉強とても楽しかったよ」と言ってくれました。涙が出そうになりました。

教育実習では、子供たちの温かい支えに感激しました。子供たちがすばらしいのはもちろんですが、この子供たちを指導してきた担任の先生のすばらしさに、心が熱くなりました。自分も立派な教師になりたいと思った瞬間でした。

**advice**

この種類の論文では、教育実習において、どのような事柄に感動し、教師を目指す憧れや意欲がどのように高まっていったかを述べます。論文内容に、教師としての資質や仕事への意欲が、直接的な言葉ではないところに表れます。採点者はそれを判断します。

教育実習での生き生きとした感動を述べたい。

**KEY WORD**

○子供たちの好奇の目、期待の目を強く感じた
○失敗させないように気遣ってくれる気持ちがひしひしと伝わってきた
○「先生、……」と言ってくれました。涙が出そうになった
○この子供たちを指導してきた担任の先生の指導のすばらしさに心が熱くなった

## 着任時の児童生徒への挨拶

**Q 80** あなたが着任した学校で児童生徒にどのような挨拶をするか、あなたの体験から例示して述べよ。

模範解答

**A**

私は、児童生徒の期待に応えるために、次のような挨拶をしたいと思います。

「私は先生１年生の○○です。小学校５年生のときに校長先生が全校朝礼でしてくれた話をします。

私は今、ここに何か（ポケットから一粒の米を取り出す）を持っていますが、皆さんからは小さくて見えないと思います。これは一粒の米です。

江戸時代、新井白石という幕府の政治を動かす大事な仕事をした学者がいましたが、子供の頃は皆と同じで朝から晩まで遊びに夢中になり、あまり勉強などしませんでした。そんな白石に、お父さんが次のような話をして諭しました。

お米を入れる箱から一粒の米を取っても、お米が減ったかどうかは分からないが、１～２年、毎日一粒ずつ取っていると減ったことが分かります。逆に、その箱に一粒の米を入れても、お米が増えたかどうかは分からないが、１～２年、毎日１粒ずつ入れていくと増えたことが分かります。

私は勉強や色々な練習もこれと同じだと思います。１日だけ勉強したり練習しても、すぐに成績が上がったり上手になったりするわけではないと思います。毎日、毎日、少しずつ努力を続けると、１～２年後に、学力が高まったり、上手になったりしたことが分かります。

私は、努力するということはこういうことだと思い、今でもこの話を大事にしています。私も怠け者だからついくじけそうになりますが、そんなときにこの話を思い出して、１粒の米の分だけでも頑張ろうとしてきました。皆さんもくじけそうになったら、この話を思い出して頑張ってください。」

**advice**

着任等の挨拶の内容は、「一期一会」の精神を持ち、簡単な自己紹介だけではなく、共感できる事柄を主題として「教え育てる人」としての自覚を持って述べたい。

**KEY WORD**

○児童生徒の期待に応える話をする
○自分の教訓として、大切にしている話をする
○「努力する」ということとは
○この話を思い出して頑張ってほしい

# 令和３年度公立学校教員採用選考試験の実施方法について<抜粋>

文部科学省初等中等教育局教職員課発表

本調査は、４７都道府県・２０指定都市教育委員会及び大阪府豊能地区教職員人事協議会（計６８、以下「県市」という）において令和２年度に実施された令和３年度公立学校教員採用選考試験の実施方法について取りまとめたものである。

**※最新情報や詳細は、文部科学省のホームページを参照してください。**

## 採用選考試験内容

※数字は実施県市数。(　)内は前年度実施数。

**●実技試験**

＜小学校＞

音楽…１６県市（３５）

図画工作…１県市（４）

体育…１４県市（４５）

外国語…２２県市（２６）

＜中学校＞

理科…１０県市（１４）

音楽…５８県市（６８）

美術…５６県市（６６）

保健体育…５７県市（６７）

技術…３５県市（４２）

家庭…４１県市（５０）

英語…５７県市（６８）

**●面接試験**

個人面接を実施…６８県市（６８）

集団面接を実施…２８県市（４６）

面接内容は、個人面接では自己PR、教員としての適格性を判断する質問等、集団面接では集団討議を行う県市が多い。（面接担当者は主に教育委員会事務局職員や現職の校長、教頭等であるが、これに加えて民間企業の人事担当者、経営者、弁護士、臨床心理士・公認心理師、学校評議員等の民間人等を起用している。）

**●作文・小論文、模擬授業・場面指導・指導案作成、適性検査**

作文・小論文試験…３３県市（４３）

適性検査…２９県市（４１）

模擬授業…４１県市（４９）

場面指導…３２県市（３７）

指導案作成…７県市（１３）

※新型コロナウイルス感染症の感染拡大を受け、実技試験や集団面接を取り止めた自治体が多数。

## 特別の選考の実施

○英語の資格等：63県市（62）／○スポーツの技能や実績：43県市（46）
○芸術の技能や実績：22県市（22）／○国際貢献活動経験：39県市（36）
○民間企業等経験：56県市（50）／○情報処理技術等の資格：10県市
○教職経験：68県市（64）／○前年度試験での実績：49県市（45）
○複数免許状の所持：49県市（44）／○いわゆる「教師養成塾」生：11県市
○大学・大学院推薦：32県市／○教職大学院修了：13県市
○博士号取得：9県市／○臨床心理士、公認心理師等：11県市

※「特別の選考」には、一部試験免除、加点、特別免許状を活用した選考、その他の特別選考を含む。

## 障害のある者への配慮

障害のある者を対象とした特別選考を６８県市（６７）で実施している。また、多くの県市において、筆記試験や実技試験等実施時における配慮、会場等の配慮が行われている。

## 受験年齢制限

制限なし…４７県市（４１）
５１歳～５８歳…１県市（１）
４１歳～５０歳…１８県市（２３）
３６歳～４０歳…２県市（３）

※一般選考の中心的な校種（小学校や中学校）における年齢制限。年齢は令和２年度末時点。

# “合格”への道標

80問に挑戦した感想はどうですか。初めて挑戦した後には誰もが、「これで大丈夫だろうか」、「何か大事なことを抜かしてはいないだろうか」等の感想をもつようです。それでは、安心・確認する意味から、学習した結果を自己評価してみましょう。

【自己診断・評価】

＜第1章＞　■理解できた⇒○　■理解できないところもあった⇒×

★出題の意図・ねらいを読み取る（　）
★論文の構成を理解する（　）
★論文で効果的な用語や表現（　）
★評価の観点（　）
★論文試験に臨んでの心構え（　）
⇒「×」の項目は、もう一度読み直してください。

＜第2章＞　■文章が書けた⇒A　■納得できる文章が書けなかった⇒C

★学習指導（　）
★生徒指導（　）
★学級経営（　）
★学校経営（　）
★教育時事・教育課題（　）
★特別支援教育（　）
★保護者・地域社会（　）
★教師論（　）
★教育法規（　）
★自己ＰＲ（　）
⇒「C」の項目は、もう一度書いてみてください。

この本を書くにあたって、少しでも受験者の皆さんがよい結果を得て、高得点できるようにいろいろ工夫をしました。その一つが「KEY WORD」です。採点者は設問ごとに「KEY WORD」をもっていて採点のめやすとします。ですから、文章の中に必ず「KEY WORD」をいくつか入れてください。また、「KEY WORD」は自己採点をする場合の目安にも活用できます。二つめは、「HINT」です。ここには「出典」や参照すべき資料を掲げました。できれば、文部科学省のホームページなどから「出典」を探し出して、確認する余裕があれば最高です。三つめは、受験者にひと言伝えたい「advice」です。「出典」のないタイプの出題例を中心に、採点者の視点からアドバイスしています。

受験者からよくこんな話を聞きます。「与えられた問題・課題については、自分としては“書いた”のに」。でも、採点者は、こう言います。「“書いた”のではなく“書けた”であってほしい」と。出題の意図・ねらいをきちんと読み取り、「あなたの考えを述べよ」なのか、「具体例を挙げよ」なのか等を明確にし、出題者が求めている「KEY WORD」を中心に文章を構成する、それが“書けた”であって、ただ字数を揃えただけでは“書いた”に過ぎません。

よく「文章を書くのは苦手だ」と言う学生がいますが、「話す」ことの方が遥かに難しいと思います。「書く」ことは、直ぐに修正ができます。付け足しも可能です。時間との勝負にはなりますが、それは計画した時間配分で書けるからです。

与えられた問題・課題に対して、「書くことによって思いきり自己を表現」してください。

この一冊を理解したあなたには、必ず“合格”への道標が確認できます。

この本の出版にあたり、Gakken「教育ジャーナル」編集長・鹿内誠也様、編集担当者の遠藤理恵様、丸山優子様、デザイナーの高野睦子様、田口かほる様、イラストレーターのオモチャ様には、大変お世話になりましたことを誌面をお借りして厚くお礼申し上げます。

2023年3月

著者

**教育ジャーナル選書**
**教員採用試験**
**論文突破80事例　2024**

2023年3月21日　第１刷発行

著者／津金邦明
発行人／土屋 徹
編集人／滝口勝弘
企画編集／鹿内誠也

発行所／株式会社Gakken
〒141-8416　東京都品川区西五反田2-11-8
印刷・製本所／開成堂印刷株式会社

協力者一覧
装丁・デザイン　高野睦子
イラスト　オモチャ
編集協力　遠藤理恵、丸山優子、田口かほる

この本に関する各種お問い合わせ先
●本の内容については、下記サイトのお問い合わせフォームより
お願いします。
https://www.corp-gakken.co.jp/contact/
●在庫については Tel 03-6431-1250（販売部直通）
●不良品（落丁、乱丁）については Tel 0570-000577
学研業務センター
〒354-0045　埼玉県入間郡三芳町上富279-1
●上記以外のお問い合わせ
Tel 0570-056-710（学研グループ総合案内）



学研グループの書籍・雑誌についての新刊情報・詳細情報は、下記をご覧ください。
学研出版サイト　https://hon.gakken.jp/

この本は下記のように環境に配慮して制作しました。
CTP方式、環境に配慮して作られた紙